Carl Neumann

**Bernhard von Clairvaux und die Anfänge des Zweiten Kreuzzuges**

Carl Neumann

**Bernhard von Clairvaux und die Anfänge des Zweiten Kreuzzuges**

ISBN/EAN: 9783744624442

Hergestellt in Europa, USA, Kanada, Australien, Japan

Cover: Foto ©ninafisch / pixelio.de

Weitere Bücher finden Sie auf **www.hansebooks.com**

# BERNHARD VON CLAIRVAUX

UND DIE

## ANFÄNGE DES ZWEITEN KREUZZUGES.

VON

## Dr. CARL NEUMANN.

HEIDELBERG.
CARL WINTER'S UNIVERSITÄTSBUCHHANDLUNG.
1882.

Wer die Annalen des XII. Jahrhunderts über die Gefchichte des zweiten Kreuzzuges befragt, wird fich vielfach mit der Auskunft begnügen müffen, Edeffa fei durch die Ungläubigen erobert worden; eine Expedition, welche die Könige von Deutfchland und Frankreich in's heilige Land unternommen, fei kläglich gefcheitert.

Kurz und zufammenhangslos in der Weife der Annalen, wie diefe Nachrichten nebeneinander ftehen, hat eine fpätere Darftellung, welche fich bemühte, die Verknüpfung der gefchichtlichen Ereigniffe, ihre Bedingungen und Erfolge aufzuzeigen, den allerunmittelbarften Zufammenhang in diefen beiden Daten angenommen. Indem man in der Cataftrophe von Edeffa ein Vorzeichen der Gefahren zu erblicken glaubte, denen nunmehr die übrigen Staatengründungen des chriftlichen Syriens und Paläftinas ausgefetzt feien, ergab fich wie von felbft die Folgerung, daß diefe Staaten in ihrer Bedrängniß die Hülfe des chriftlichen Abendlandes angerufen hätten. Die gewaltige Bewegung des zweiten Kreuzzuges, die darnach erfolgt ift, wußte man zu combiniren mit Gefandtfchaften aus dem Orient, von denen da und dort in den Gefchichtsquellen Spuren fich finden: fo hat fich eine Auffaffung gebildet, welche die eigentliche Urfache des zweiten Kreuzzuges in den bedrohten Verhältniffen des heiligen Landes erblickte.

Indeß bedurfte es nur einer nüchternen Beobachtung der Politik, welche die Fürften des chriftlichen Orients vor und im Verlauf der Unternehmung befolgt haben, um zu erkennen, daß jene Bedrängniß doch nicht ganz der Wirklichkeit entfprach. Ferner: ein Mißerfolg ohne Gleichen begleitete das ganze Unternehmen. Die Frage nach der Erklärung fo unerwarteter Refultate mußte auf's entfchiedenfte die Frage nach dem Urfprung der Kreuzzugsbewegung erneuern. Je mehr fich dabei die Aufmerkfamkeit von den Verhältniffen des Orients hinweg dem Abendland zuwendete, um fo deutlicher fchienen fich die Wurzelfafern des Unternehmens eben dort bloßlegen zu laffen. Von diefem Standpunkt betrachtet, ergab fich der zweite Kreuzzug als das Product einer in entfchiedenem Anlauf begriffenen religiöfen Bewegung, die fich in eigenthümlicher Combination politifche Tendenzen dienftbar zu machen wußte. — Nicht als follte nun damit die Bedeutung des Falls von Edefta geleugnet werden! nur fank diefes Ereigniß herab zu einem Moment äußerer Veranlaffung, gleichwie jene Gefandtfchaften fyrifcher Fürften. Mit größtem Nachdruck aber wurden über diefem an fich zufälligen Anftoß die tiefer liegenden Gründe der allgemeinen Erhebung des Abendlandes betont.

Doch gab es noch eine weitere Möglichkeit der Erklärung; fie fand fich in einem Compromiß der Anfichten. — Freilich, die Theilnahmslofigkeit des Königreichs Jerufalem ließ fich nicht wol beftreiten. Aber war nicht das nördliche Syrien zunächft bedroht? Hier mußte man doch auf Hülfe und Abwehr bedacht fein, wenn die füdlicher gelegenen Gebiete immerhin auf die Gunft ihrer Lage fich verlaffen mochten. Es galt alfo nachzuweifen, daß Nordfyrien oder — genau gefagt — der Fürft von Antiochien fich befonders lebhaft um den Schutz der abendländifchen Könige bemüht, überhaupt die Intereffen des heiligen Landes, die fich mit feinen eigenen deckten, nachdrücklicher vertreten habe. Die Unterfuchung kam dazu, die Gefandtfchaften aus dem Orient, «die Hülferufe der fyrifchen Chriften» und ihren Urfprung fpeciell in's Auge zu faffen.

Ich geftehe, daß ich der Discuffion, die fich daran geknüpft hat, nur eine fekundäre Wichtigkeit beimeffen. kann.* Wie viele Gefandtfchaften und Briefe find nicht aus dem heiligen Land ergangen, um die weftlichen Reiche in Bewegung zu fetzen — vor dem zweiten Kreuzzuge fo gut wie nachher, von geiftlicher wie weltlicher Seite — und wie gering erfcheint im Verhältniß zur Zahl diefer Hülfsgefuche die Zahl der Kreuzzüge! Es kommt dazu, daß es mit der Ueberlieferung von folchen Gefandtfchaften aus dem Morgenland gerade für den vorliegenden Fall befonders fchwach beftellt ift. So weit unfere Berichte reichen, wird fich ein Beweis für die vorliegende Thefe daraus nicht fchöpfen laffen.

Anmerkung. Zur Motivirung fei kurz folgendes bemerkt: im Grund befitzen wir nur eine zuverläffige Nachricht, die der Chronik_von Maurigny

(recueil des historiens de'la Gaule XII, 88), welche folcher Gefandtfchaften
gedenkt — gerade hier aber heißt es: ab Antiochia et Jerufalem. Was
Kugler (Analecten zur Gefch. des 2. Kr. p. 19) hier fchließen will aus
dem Voranftehen von Antiochia, fällt dahin, da z. B. auch Otto v. Frei-
sing in anderem Zufammenhang diefe Reihenfolge zeigt (gesta Frid. I, 34). —
Eine Specialgefandtfchaft des Fürften von Antiochien, die nach Wilhelm
v. Tyrus (XVI, 27) dem König von Frankreich Gefchenke überbringt,
antequam iter arriperet, ift der Zeit nach ohne Zweifel fpäter zu fetzen
als die hier in Frage kommenden Gefandtfchaften. — Jedenfalls aber
fpricht gegen die Bedeutung diefer Gefuche ganz ausdrücklich die Aeuße-
rung Hadrians IV. (recueil XV, 690), inconsulto populo terrae fei der Zug
nach Jerufalem unternommen worden, «ein Wort, welches ungezwungener
Weife nicht anders gedeutet werden kann, als daß die Könige nicht fowol von Jerufalem aus veranlaßt, als vielmehr aus eigenem Antrieb
dorthin gegangen find» (Kugler, Anal. p. 16). Noch ungezwungener würde
man deuten: überhaupt nicht veranlaßt durch Antriebe aus dem Orient,
da «iter Jerosolymitanum» nicht fowol den «jerufalemitifchen Feldzug»
als vielmehr die Fahrt in's heilige Land bedeutet. — Kugler's Bemer-
kungen p. 16 ff. über die Unzuverläffigkeit der Nachrichten Gerhohs von
Reichersberg halte ich für durchaus zutreffend. — Ueber die Gefandtfchaft Hugos von Gabala wird weiterhin gefprochen werden.

Nach allem bleibt die Frage nach den Anfängen des Kreuzzuges im Abendland im Vordergrund der Betrachtung. Man hat
darüber geftritten, wer hier die Initiative ergriffen hat; man hat
fich nicht zu einigen vermocht. Der einfachfte Weg, hier Klar-
heit zu fchaffen, muß der fein, die überlieferten Thatfachen in
ihrem Zufammenhang zu prüfen, ihre chronologifche Reihenfolge feftzuftellen.

Indem wir in diefer Richtung einen neuen Verfuch wagen,
mögen zuvor einige Worte die Art der folgenden Behandlung
rechtfertigen.

So wünfchenswerth es im allgemeinen ift, die erzählende
Darftellung, wie fie fich auf Grund der gewonnenen Refultate
ergibt, von den Schlacken der Forfchung möglichft zu befreien,
fo mag fich doch unter Umftänden eine Verbindung der beiden
Elemente, eine Einfügung der einzelnen Momente der Forfchung
in den Rahmen der Darftellung empfehlen. Nur zu leicht werden
Streitfragen, die in der Wiffenfchaft fchon ein längeres Dafein
führen, losgelöft von ihrem eigentlichen Urfprung in der Weife,
daß die einmal aufgeftellten Argumente — vielleicht unter dem
Aufputz einer neuen Interpretation — wieder und wieder gegen

einander in's Gefecht geführt werden, ohne zuvor die Probe ihrer Berechtigung beftanden zu haben. Ein Urtheil aber über Glaubwürdigkeit und Tragweite eines Zeugniffes kann fich nur aus dem Ueberblick des Zufammenhangs bilden, dem es angehört. Es fragt fich, von welcher Seite nun am beften der Zugang zu gewinnen ift in den Kreis der Ereigniffe, die uns befchäftigen werden. — Mit keinem Namen ift die Entftehungsgefchichte des zweiten Kreuzzuges enger verknüpft als mit dem BERNHARD's von Clairvaux. Man darf fagen, daß der Ausgang diefes Unternehmens die Peripetie feines Lebens darftellt. Grund genug, darnach zu fragen, welches fein Antheil oder, wenn man fo will, feine Schuld gewefen fei. Wir werden die Anfänge der Kreuzzugsbewegung, ihr Fortfchreiten zu betrachten, die Beziehungen des heiligen BERNHARD zu diefen Ereigniffen feftzuftellen haben.

Wo die zeitgenöffifche Ueberlieferung zum erften Mal den Gedanken des Kreuzzugs in Frankreich ausfprechen läßt, erfcheint auch BERNHARD auf dem Plan. Das war in Bourges, zu Weihnachten 1145. Zahlreicher als fonft hatte König LUDWIG VII die Großen des Reiches geladen, feiner Krönung anzuwohnen, die der Erzbifchof von Rheims vollziehen follte. Aber gerade an die Krönung haben fich ärgerliche Streitigkeiten geknüpft. Noch war es in aller Erinnerung, welche Kämpfe der König mit der Curie um die Befetzung des Erzbisthums Bourges geführt hatte, bis er fich zur Anerkennung des Gewählten verftand; daß nun dem Erzbifchof von Rheims auch außerhalb feines Metropolitanfprengels, und gerade in Bourges, die Ehre zufallen follte, den König zu krönen, mußte dem Erzbifchof diefer Stadt als ein verletzender Eingriff in feine Rechte erfcheinen: als er fich befchwerte, wies man ihn ab; da appellirte er nach Rom; die Cathedrale von Bourges ward mit dem Interdikt belegt[1]). Von all' diefen Zerwürfniffen, die doch nicht zu hindern vermochten, daß die Ceremonie ihren angekündigten Verlauf nahm, würden wir, bloß angewiefen auf die darftellenden Berichte jener Zeit, nichts wiffen: fo ganz find diefe erfüllt von dem einen Ereigniß, daß der König in Bourges «das Ge-

[1]) epist. Eugenii III. rec. XV, 439.

heimniß feines Herzens» enthüllte. Was immer für Beweggründe
ihn antrieben — denn von einer ganzen Reihe wiffen die Zeitgenoffen zu erzählen — er fprach den Wunfch aus, in's heilige
Land zu ziehen. Nichts konnte den Verfammelten überrafchen-
der fein. An diefem Punkt fpaltet fich unfere Ueberlieferung in zwei
durchaus verfchiedene Angabenreihen. Die eine weiß zu berichten, die Fürften feien derart beftürzt gewefen, daß fie fich
nicht einmal getraut hätten, eine Antwort zu geben; auf ihren
Rath fei der heilige BERNHARD berufen worden, um ein «Orakel»
zu ertheilen, aber auch diefer habe fich in Schweigen gehüllt
und die Entfcheidung an den Papft gewiefen — ein Rath, den
der König befolgte. So OTTO von Freifing (gesta Frid. I, 34).
Anders ODO von Deuil, der Caplan LUDWIG's VII. (Migne, patrol.
lat. vol. 185, 2. col. 1207 ff.): nach ihm fanden die Worte des
Königs, obwol fie der Bifchof von Langres in beweglicher Rede
unterftützte, kein geneigtes Gehör; die Verfammlung ging ohne
Refultat auseinander, nachdem man eine weitere Zufammenkunft
auf Oftern 1146 anberaumt hatte. In der Zwifchenzeit aber foll
der König auf eigene Hand Unterhandlungen mit dem Papft
angeknüpft haben.

Man mag für's erfte von der Frage abfehen, welcher der
beiden Schriftfteller für die genannten Verhältniffe mehr Glaubwürdigkeit verdient. Ehe man fich für einen entfcheidet, wäre
zu verfuchen, ob eine Vereinbarung ihrer Nachrichten zu erzielen ift. Konnte nicht ODO von Deuil vergeffen haben, die
Anwefenheit BERNHARD's in Bourges zu erwähnen? Das Crite-
rium folcher Vergeßlichkeit müßte darin liegen, daß im Complex
feiner Angaben fich für das Auftreten BERNHARD's Platz fände.
Doch achte man auf folgendes. Mit wie vielem Nachdruck,
mit welcher Bewunderung wird in der Darftellung ODO's des
erften Auftretens des Abtes von Clairvaux gedacht, da er —
Oftern zu Vezelay — mit der Kreuzpredigt alle Herzen ent-
zündete, durch die Macht feiner Erfcheinung alle zur Demuth
zwang, mit Wundern ohne Zahl feine Spuren bezeichnete. Nichts
wird verfäumt, in dem Lefer den Eindruck jener Perfönlichkeit
voll und ganz zu erzeugen. Und derfelbe ODO foll vergeffen
haben, zu fagen, daß BERNHARD fchon lange zuvor in der Ver-

ſammlung des Königs und der Fürſten erſchienen war, die in
ihrer Rathloſigkeit an ihn, den Mann Gottes, ſich gewendet
hätten! Er ſoll es da vergeſſen haben, wo er der Rede eines
Biſchofs, die noch dazu erfolglos blieb, gedenkt! Betrachten
wir aber die Perſon dieſes Biſchofs, ſo erhebt ſich ein neues
Bedenken. Es iſt GODFRID von Langres, einſt ein Schüler BERN-
HARD's und Prior von Clairvaux, der rechte Arm BERNHARD's,
wie ihn dieſer wol bezeichnet hat, ſein Stellvertreter, als den er
ſich während des Kreuzzuges angeſehen wiſſen wollte[1]), — ihn
zur Biſchofswürde von Langres zu erheben, hat BERNHARD einen
erbitterten Kampf gegen Cluny, Papſtthum und Königthum
geführt.

Die drängende Mahnung Biſchof GODFRID's und das vor-
ſichtig ausweichende Benehmen des geiſtigen Hauptes des Ordens,
dieſes Neben- und Widereinander zweier ſich ſo naheſtehender
Perſönlichkeiten iſt nicht zuſammenzureimen, nicht in den Raum
einer einheitlichen Darſtellung zu zwängen.

Steht es aber ſo, iſt eine Vereinbarung der beiden Berichte
nicht zu erzielen, ſo ſtellt ſich die Frage einfach: iſt BERNHARD
Weihnachten 1145 in Bourges geweſen oder nicht?

Kein Zweifel kann beſtehen über die Auffaſſung der Worte
OTTO's von Freiſing: «Bernardus de tam grandi negotio ex pro-
priae auctoritatis arbitrio responsum dare frivolum judicans».
Wenn BERNHARD ſchon die Beurtheilung dieſes Unternehmens,
geſchweige denn die Empfehlung, als Anmaßung erſchien, ſo,
ſollte man denken, iſt er ſelbſt am wenigſten dafür verantwort-
lich zu machen. Und doch hat man auf ihn die Verantwortung geworfen.

Es hat, wie bekannt, nur der erſten ſchlimmen Nachrichten
aus dem Orient bedurft, der Kunde von den Mißerfolgen des
unermeßlichen Heeres, um einen Sturm der Entrüſtung zu er-
regen gegen die Urheber des Kreuzzuges: mit dem ganzen Stolz
ſeines Glaubens und ſeiner Ueberzeugung hat damals BERNHARD
den allſeitigen Anklagen Stand gehalten, ſich als den Schild

[1]) Bern. ep. 170 ad Ludovicum regem. Der Prolog der vita Bernardi
des Alanus bezeichnet ihn als BERNHARD's Verwandten, patris.Bernardi se-
cundum carnem propinquus bei Migne 185, 1 col. 469. — hist. pontificalis
c. 24 M. G. SS. XX.

Gottes bezeichnet, an dem alle Verleumdungen abprallen. Eben damals hatte er fein Buch «de consideratione» unter den Händen, deffen erfter Theil bereits EuGEN III. gewidmet war; er begann den zweiten mit Betrachtungen über den unerwarteten Ausgang des verheißungsvollen Unternehmens, einer Apologie[1]) zum Troft der Kirche, zur Widerlegung der Verleumder. Konnte er nicht mit gutem Gewiffen behaupten, daß er zwar der Vollführung des Werkes feine Zunge geliehen, daß er den Anfängen fern geblieben fei? Aber man kann die Solidarität der Verantwortung nicht entfchiedener bekennen, als es hier gefchehen ift[2]), mit erhabenem Stolz ftellt fich BERNHARD in den Mittelpunkt jener Unternehmung der abendländifchen Chriftenheit, — zugleich in den Zielpunkt aller Angriffe: «möge eher mich allein», ruft er aus, «der Zorn der Menfchen treffen, als daß fie mit Gott hadern». — Die Angriffe überlebten den großen Abt von Clairvaux. Nach feinem Tod fchrieb fein Schüler GAUFRID die Biographie und verfäumte nicht, jenen Verdächtigungen der Dummheit oder Bosheit, wie er fie nannte, entgegenzutreten. Nicht auf eigene Hand habe BERNHARD die Kreuzpredigt begonnen[3]); «cum enim multorum jam animos permovisset audita necessitas; a rege Francorum semel et iterum propter hoc expetitus (Bernardus), apostolicis etiam litteris monitus, nec sic acquievit super hoc loqui vel consilium dare, donec per ipsius tandem summi pontificis generalem epistolam jussus est ab eo, tamquam Romanae ecclesiae lingua exponere populo atque principibus» etc. . . Die Schrift ift nicht frei von der Tendenz des Glorificirens — wer möchte es anders erwarten von einem Mann, der feinem Lehrer und Meifter in dreizehnjähriger inniger Gemeinfchaft verbunden war, der in den rührendften Worten feinem Schmerz über deffen Verluft Ausdruck verleiht! Aber im Grund haben wir aus den citirten Worten doch nur erfahren, daß BERNHARD die Aufforderungen des Königs und felbft des Papftes von fich wies, daß er die Kreuzpredigt ablehnte, ehe er vom Papft ausdrücklich ermächtigt war. Hier, wo die ausgefprochene

---

[1]) de cons. II, 1. Migne 182 col. 474. haec pauca vice apologiae dicta sint. — [2]) ibid. ut ipsa qualiacunque habeat consciencia tua ex me, unde habeat me excusatum et te pariter . . . — [3]) Migne 185, 1. vita Bern. III cap. 4.

und rückhaltslofe Abficht einer Vertheidigung vorlag, hätte ein
Autor und hätte diefer Autor nicht mit beiden Händen zuge-
griffen, wenn es ihm bekannt, wenn es wahr gewefen wäre, was
Otto von Freifing behauptet? Daß Bernhard die Verantwort-
lichkeit für eine Kreuzpredigt ohne die Vollmacht und Deckung
des Papftes ablehnt, finden wir glaublich; ja wir befitzen einen
Brief, in dem Bernhard ausdrücklich den Papft bittet, feine
Schultern nicht weiter zu belaften; fein Entfchluß fei, das Klofter
nicht mehr zu verlaffen[1]). Aber von folcher Ablehnung der
Kreuzpredigt, die die Anftrengungen einer raftlofen Wanderung
von Ort zu Ort in fich fchloß, ift doch himmelweit entfernt
jene eigenthümliche Demuth, die dem Willen des Königs und
feiner Großen gegenüber jede Antwort weigert und auf die Entfcheidung eines Papftes verweift, dem einft Bernhard felbft gefchrieben: alle Welt fagt, ich fei Papft, nicht Ihr. Man bedenke
ferner: die Fürften hätten in Bourges gewartet, bis die Bot-
fchaft an Bernhard gelangt war, bis diefer felbft die nicht un-
beträchtliche Reife von Clairvaux[2]) nach Bourges zurückgelegt
hätte! Alfo zum Mangel anderweitiger Belege noch die innere
Unwahrfcheinlichkeit des Berichts. Odo von Deuil auf der
anderen Seite zeigt eine gefchloffene Erzählung: die Gefandtfchaft an den Papft entfpringt der eigenen Initiative des Königs,
— wir dürfen ergänzen — nachdem fein zweimaliger Verfuch,
den Abt von Clairvaux zur Predigt zu veranlaffen, gefcheitert war.

Vielleicht haben wir in den Ausfagen Otto's von Freifing
eine vorgefchrittene Entwicklung der Tradition vor uns: man
hätte aus der Weigerung Bernhard's, das Kreuz ohne Autorifation zu predigen, feine Paffivität entnommen und in die erften
Anfänge des Unternehmens verlegt; daher denn auch bei Otto
von den fpäteren Schwierigkeiten hinfichtlich der Uebernahme
der Kreuzpredigt, auf die allein Gaufrid fich bezieht, nicht

---

[1]) ep. 245 bei Bouquet, rec. XV, 600: «si suggestum vobis a quopiam
fuerit de me amplius onerando, scitote mihi vires non suppetere ad ea quae
porto. Quantum mihi, tantum parcetis et vobis. Propositum meum mona-.
sterium non egrediendi credo non latere vos». — [2]) Daß Bernhard fich in
feinem Klofter befand, fchließe ich aus den Worten der eben citirten ep.
245, wo von dem dem Papft bekannten Entfchluß Bernhard's gefprochen
ift, fein Klofter nicht zu verlaffen.

weiter die Rede ift. Ein Anknüpfungspunkt für eine folcher-
geftalt entwickelte Tradition mochte darin gefunden werden,
daß in ähnlicher Weife 1130 BERNHARD vom König und den
geiftlichen Fürften zur Verfammlung von Etampes berufen worden war, um mit feiner Hülfe die Entfcheidung im Schisma zu
geben. Im Jahr 1130 fteht die Thatfache der Berufung feft:
feine Wirkfamkeit auf der Verfammlung ift in der cifterzienfifchen Ueberlieferung wahrfcheinlich ftark übertrieben dargeftellt[1]).

Nach allem erfcheint die Erzählung von dem Hergang in
Bourges — fo wie OTTO von Freifing will — nicht wahr, oder
richtiger gefagt, entftellt, tendentiös entftellt. Aber, wenn tendentiös entftellt, zu weffen Gunften? Sicher nicht im Intereffe
des kaiferlichen Hofes FRIEDRICH's I., wie es dem Verfaffer der
gesta Friderici am nächften lag. Aber man darf nicht vergeffen, daß diefer Verfaffer doch auch die Chronik de mutatione
rerum gefchrieben hat.

OTTO hat 1149/50 eine Reife nach Frankreich gemacht[2]):
es war das Land feiner Studien, die Heimath des Ordens, dem
er felbft feit lange angehörte: kein Zweifel, daß er damals Nachrichten vernommen hat über die Kreuzzugsbewegung und ihren
Herd. Noch zitterte die Atmofphäre nach von der allgewaltigen
Strömung, und die Erzählungen, die in den cifterzienfifchen
Kreifen umliefen, mochten fchon die Anfänge mit der Legende
umfponnen haben. Hier bildete fich ein feftftehendes Urtheil,
eine Art von Reflexion über das Unternehmen, die dann ftets
wiederkehrt. So fährt GAUFRID an der früher citirten Stelle
fort: «hæc et huiusmodi super hoc poterant veraciter dici:
sed dicendum potius id quod potius fuit. Evidenter enim verbum hoc prædicavit Domino cooperante» etc. Der Beweis aus

¹) ERNALD, vita Bern. cap. 1 (Migne 185, 1), convocato .. apud Stam-
pas concilio abbas sanctus Claraevallensis Bernardus specialiter ab ipso
rege Francorum et præcipuis quibusque pontificibus accersitus,
sicut postea fatebatur, non mediocriter pavidus et tremebundus advenit ..
Cum .. rex et episcopi cum principibus consedissent, unum omnium con-
cilium fuit .., ut negotium Dei Dei famulo imponeretur et ex ore eius
causa tota penderet. Ueber die Entftellung der Ueberlieferung vgl.
MÜHLBACHER, die ftreitige Papftwahl von 1130, Excurs II. — ²) JAFFÉ,
das deutfche Reich unter KONRAD III. p. 180. Anm. 42.

· menfchlichen Gründen und menfchlichen Ereigniffen muß ver-
ftummen vor der Evidenz des göttlichen Schutzes. Dasfelbe
Räfonnement über die Abfichten der Vorfehung bei BERNHARD
felbft, de consid. II, 1; in dem Troftbrief des Abtes JOHANNES
von Cafamari[1]); ähnlich bei OTTO von Freifing, gesta Frid. I, 60.
Vielleicht ift OTTO's Bericht über den Hergang in Bourges —
man wäre verfucht, es eine reservatio post eventum zu nennen —
aus denfelben cifterzienfifchen Kreifen gefchöpft, eine Erzählung,
erfunden, um BERNHARD von jedem Vorwurf zu befreien.

Anmerkung. Es fei geftattet, ein Wort über das Verhältniß OTTO's
von Freifing zu BERNHARD, des cifterz. Bifchofs zum cift. Abt zu bemerken. Man lieft nicht eben felten, daß OTTO im ganzen ein fcharfes
Urtheil fälle über feinen berühmten Zeitgenoffen, deffen fanatifcher Eifer
nicht nach feinem Sinn gewefen fei, — doch wird man fich fchwer davon
überzeugen können, wird vielmehr bemerken, daß es im wefentlichen die
nemlichen Urtheile find, die auch fonft in jener Zeit (vgl. bef. hist. pontif.
c. 11 M. G. SS. XX.) über den heiligen BERNHARD begegnen. — Sein Glaubens-
eifer, feine wachfame Fürforge für die Kirche war in Aller Munde; wenn
man in manchen feiner Handlungen Spuren menfchlicher Schwäche zu
erkennen glaubte, fo wagte doch Niemand die Reinheit feiner Motive in
Zweifel zu ziehen. Man wird auch bei OTTO (gesta Frid. I, 47 und 57)
kein Wort des Tadels finden: ja daß er BERNHARD felbft da, wo viele mit
Vorwürfen bereit waren, in Schutz nimmt, möge folgende Beobachtung
beweifen. I, 36 lieft man: Bernardus abbas venerabilis concessa sibi
apostolicae sedis auctoritate non abusus gladio verbi Dei fortiter accin-
gitur . . . man ftolpert förmlich über diefes «non abusus». Wozu diefe
Bekräftigung? Kein Menfch denkt hier an einen Mißbrauch der Voll-
·macht. Aber man vergleiche darnach cap. 39: Der Mönch RADULF hat
auf eigene Hand das Kreuz gepredigt, Verfolgungen, Unruhen begleiten
feine Spuren. Diefer «propria auctoritas» wird fchon im Voraus zur Abwehr des Verdachts, der auf BERNHARD fallen könnte, der Angriffe, die
gegen ihn laut geworden find, die apostolica auctoritas, ein «non abusus»
entgegengeftellt. — Wenn man fich vergegenwärtigt, daß der Bifchof von
Freifing alle Leiden des unfeligen Kreuzzuges mit erduldet hatte, wird
man in feiner Beurtheilung BERNHARD's doch vor allem den Stolz des
Cifterzienfers über die Zierde des Ordens erkennen.

Sehen wir uns fomit dazu gedrängt, die Erzählung von
der Anwefenheit BERNHARD's in Bourges in das Gebiet der Fabel
zu verweifen, fo erfcheint doppelte Vorficht bei den folgenden
Angaben OTTO's geboten. —

[1]) Migne 182. Nr. 386.

Der König, Weihnachten 1145 von den Fürsten im Stich gelassen, hat sich an den Papst gewendet. Nicht nur daß Otto vom Erfolg diefer Gefandtfchaft, dem Erlaß einer Indulgenzbulle an König, Fürsten und Volk von Frankreich zu berichten weiß: er kennt fogar die Motive des Papstes, er theilt fodann auch das Schreiben in einem befonderen Capitel mit. Es trägt das Datum des 1. Dezember ohne Jahresangabe. Dann folgt die Erwähnung der Kreuzpredigt Bernhard's, feiner Erfolge, endlich die Feftfetzung einer Zufammenkunft in Vezelay, wo der König und zahlreiche Fürften das Kreuz fich, anheften laffen zur Fahrt in's heilige Land.

Wir halten ein — welche Verwirrung in der chronologifchen Reihenfolge! Die Verfammlung zu Vezelay war fchon Weihnachten auf Oftern 1146 anberaumt worden; erft darnach hat Bernhard angefangen, das Kreuz zu predigen. Ferner: ift die Gefandtfchaft an den Papft und deffen Schreiben nach der Anordnung von Otto's Bericht zwifchen den Verfammlungen von Bourges und Vezelay, d. h. zwifchen Weihnachten 1145 und Oftern 1146 einzureihen, fo müßte man ein ganz anderes Datum diefes Actenftückes erwarten als den 1. Dezember.

Wir haben damit diejenige Streitfrage berührt, welche fich ihrer Natur nach als die wichtigfte für die gefammte Auffaffung des zweiten Kreuzzuges herausftellt. An der Feftftellung jenes Datums hängt nicht mehr und nicht weniger als die Entfcheidung, ob König oder Papft die Initiative zu diefer Unternehmung ergriffen haben. Denn wenn das Datum des 1. Dezember anerkannt werden muß, fo kann nach dem ganzen Zufammenhang der Ereigniffe wol nur das Jahr 1145 gemeint fein; das päpftliche Schreiben fiele damit der Zeit nach früher als in Frankreich überhaupt, fo weit uns bekannt, von einem Kreuzzug die Rede war; folglich hätte man an der Curie den Anftoß der ganzen Unternehmung zu fuchen.

Aber wir befitzen noch ein zweites Exemplar des Ausfchreibens, mit dem Eugen III. König, Fürften und Volk von Frankreich zur Kreuzfahrt aufforderte, und diefes trägt das Datum des 1. März 1146[1]). Ift nun jenes zuvor genannte Datum

---

[1]) Boczek, cod. diplom. Moraviensis. Nr. 242 p. 241.

das urfprüngliche, fo würde diefes zweite Exemplar als eine
Neuausfertigung zu betrachten 'fein. Andererfeits ift man zu
der Frage berechtigt: kann nicht auch das Schreiben vom 1.
März 1146 als Original angefehen werden, das andere als eine wiederholte Ausfertigung des Jahres 1146?

Die Entfcheidung zu Gunften der einen oder anderen Möglichkeit hat gewechfelt; mit ihr die wichtigere Entfcheidung
über die Auffaffung des Kreuzzugs. Verfuchen wir, durch die
Reihe der vorhandenen Anfichten und Motivirungen uns den
Weg zu bahnen.

B. KUGLER[1]) hat fich für den 1. März als das urfpräng-
liche Datum entfchieden. Da der hauptfächliche franzöfifche
wie deutfche Bericht übereinftimmend die Bulle EUGEN's III.
als Refultat der Gefandtfchaft des Königs betrachten, da diefe Gefandtfchaft ferner in die Monate zwifchen Weihnachten und
Oftern fiel, fo fchien fich mit folcher Concordanz der Ueberlieferung das Datum des 1. Dezember nicht vereinigen zu laffen.
Indeß, mochte man immerhin die fo gegebene Reihenfolge der
Thatfachen unangefochten laffen — fie fchloß doch nicht die
Möglichkeit aus, daß der Papft fchon weit früher fich der Sache
angenommen habe; feine Anregung konnte wirkungslos geblieben
fein, bis der König feinerfeits entfchieden fie wiederaufnahm und
vom Papft neue Vollmachten fich erbat — ein Gedanke, den
KUGLER abgelehnt hat mit dem Hinweis, daß unfre Quellen
keinerlei Andeutung davon enthielten.

Entgegengefetzt, d. h. für den 1. Dezember 1145 hat fich
GIESEBRECHT[2]) ausgefprochen; die angeblich fehlenden Belege
meinte er in folgenden zwei Punkten zu entdecken: 1. in der
Gefandtfchaft des Bifchofs 'HUGO von Gabala in Syrien, die unmittelbar jene Deklaration des Papftes vom 1. Dezember 1145
zur Folge gehabt habe; 2. in einem Brief des heiligen BERNHARD,
durch welchen ausdrücklich die Priorität des Papftes in der
Kreuzzugsangelegenheit bezeugt fei. Des weiteren wurde auf
den Inhalt des päpftlichen Schreibens felbft hingewiefen, der im
Stand fei, die erwähnten Argumente zu verftärken.

Als Replik veröffentlichte KUGLER 1878 «Analecten zur Ge-

---

[1]) Studien zur Gefchichte des zweiten Kreuzzuges. 1866. S. 1 ff. —
[2]) Gefch. der deutfchen Kaiferzeit. IV. 2. Aufl. S. 472 f.

fchichte des zweiten Kreuzzuges». Indem er — nicht immer mit Glück — verfuchte, GIESEBRECHTS Argumente zu entkräften, konnte er doch eine hiftorifche Darftellung, wie fie fich aus den gegnerifchen Anfichten ergab, als innerlich unwahrfcheinlich erweifen. Nichtsdeftoweniger hat er fich zu einem Compromiß entfchloffen, deffen Faffung ich im Folgenden wörtlich citire, zumal darin das Refultat der bisherigen Erörterungen erfcheint. «Es ift wahrfcheinlich, daß Bifchof Huuo den Papft EUGENIUS zur Abfaffung des Schreibens am 1. Dezember angeregt hat, und es ift möglich, daß der Bifchof das Schreiben als Mandatar des Papftes empfangen, fein Mandat aber nicht zur Ausführung gebracht hat; es ift ferner in hohem Grad wahrfcheinlich, daß König LUDWIG nicht durch EUGENIUS und Huuo veranlaßt worden ift, die Verfammlung von Bourges zu berufen, fondern durch feine eigene Sehnfucht nach einem Kreuzzug und etwa noch durch Klagen über den Fall Edeffas, fowie durch antiochenifche Bitten um Hülfe, die ihm auch unabhängig von Bifchof Huuo zugekommen fein können. Der Papft hat dann endlich, nachdem durch LUDWIG der entfcheidende Schritt gethan war, der einen großen Kreuzzug in's Leben rufen follte, das heilige Unternehmen durch neue Ausfendung des alten Schreibens, aber für's erfte durch nichts weiter, zu fördern gefucht[1].»

Nichts kann beffer eine neue Unterfuchung diefes Gegenftandes rechtfertigen als die Formulirung diefer Sätze. Bei einem folchen Refultat darf man nicht ftehen bleiben: beffer als eine Reihe folch' problematifcher Urtheile wäre das offene Geftändniß, daß wir in diefer Sache nichts wiffen. Es wird die nächfte Aufgabe fein, um fich von dem Gewirr der Vermuthungen und Wahrfcheinlichkeiten zu befreien, durch gehörige Sichtung des Materials einen ficheren Boden zu bereiten. Wir beginnen mit der Gefandtfchaft des Bifchofs Huuo von Gabala nach Rom, Nov./Dez. 1145.

OTTO von Freifing gedenkt (Chron. VII. 33[2])) bei feinem

---

[1] Analecten, S. 44. Bei diefer Anficht ift KUGLER ftehen geblieben. Gefch. der Kreuzzüge 1880. p. 134. Anm. 1. — [2] Die verkehrte Interpunktion diefer Stelle in der Ausgabe der Monum. SS. XX, 266 ift in der

Aufenthalt an der Curie diefes Bifchofs, den Befchwerden in
Sachen feiner Stellung und feiner Einkünfte, und die Hoffnung,
darüber eine Entfcheidung des Papftes zu erlangen, über das
Meer geführt hatten: «apostolicae sedis auctoritatem requirentem». Es heißt fodann: «audivimus cum periculum transmarinae
ecclesiae post captam Edissam lacrimabiliter conquerentem et ob
hoc Alpes transscendere ad regem Romanorum et Francorum pro
flagitando auxilio volentem».

Auf diefe einzige Stelle gründet fich die Combination, daß
der Papft unter dem 1. Dezember ein Schreiben erlaffen habe.
Indem wir fie genau betrachten, muß zunächft die Unbeftimmtheit des Ausdrucks «conquerentem» in's Auge fallen gegenüber der beftimmten Forderung des vorhergehenden Satzes —
«apostolicae sedis auctoritatem requirentem». Wenn der orien-
talifche Bifchof mit Recht auf die der dortigen Kirche drohenden
Gefahren aufmerkfam macht, warum ergeht er fich in leeren
Klagen, deren Abhülfe von der Bereitwilligkeit des deutfchen
und franzöfifchen Königs erwartet wird, ftatt vielmehr Hülfe
bei der nächftliegenden Inftanz, vom Papfte zu heifchen? Wenn
hier etwas auffällig ift, fo kann es nur das vollftändige Still-
fchweigen fein, mit dem der Papft übergangen wird; daher, will
man fich einen Schluß geftatten, es nur der fein könnte, der
Papft habe fich ablehnend verhalten. — Indeß mag man ein-
wenden, Otto habe möglicherweife von den Verhandlungen des
Bifchofs mit dem Papft nichts gewußt, feine Angaben feien un-
vollftändig, umfomehr da er, wie «volentem» beweift, vor dem
Bifchof von Gabala abgereift ift, nur von deffen Reifeplänen
Kenntniß hat, nicht von der thatfächlichen Abreife. Der End-
termin von Otto's Aufenthalt in Rom ift nicht bekannt, wird
aber wol nach dem erften Dezember, dem Datum des päpftlichen Schreibens zu fetzen fein, da unter dem 7. Dezember
der Papft Eugen III. einem Freifinger Klofter den apoftolifchen
Schutz verleiht und Otto diefe Urkunde[1]) wol felbft in die
Heimath mitgenommen hat. Aber felbft unter diefen Umftänden
die Möglichkeit der Unvollftändigkeit von Otto's Bericht zu-

[1]) Jaffé, reg. pont. 6178.

gegeben, bleibt in der Sache felbſt ein Bedenken. Stelle man ſich
vor, der Biſchof von Gabala habe, wie KUGLER denkt, ein Mandat
erhalten und wolle nun nach Frankreich und Deutſchland gehen:
wie kommt es doch, daß das uns bekannte Actenſtück nur die
Adreſſe an die Franzoſen trägt, wie kommt es ferner, daß
EUGEN III., als ſpäter die Deutſchen ſich dem Unternehmen
anſchloſſen, ſich ungehalten zeigte, weil man ihn nicht zuvor
um ſeinen Rath befragt habe? Wenn alſo der Biſchof auch
nach Deutſchland an den königlichen Hof die Aufforderung zum
Kreuzzug tragen will, ſo wird das kein Mandat des Papſtes,
ſondern ſeine ureigene Initiative geweſen ſein.

Indeß wollen wir, um ſicherer zu gehen, gern auf Folge-
rungen, wie wir ſie unſererſeits der Stelle entnähmen, verzichten.
Ueber jenen einen Satz hinaus findet ſich weiterhin in OTTO's
Chronik nirgends die geringſte Beziehung zu dieſer Angelegenheit, wiewol das Werk erſt mit dem Ende der Faſtenzeit des
folgenden Jahres abgeſchloſſen wurde. Nichts kann uns be-
rechtigen, aus einer Mittheilung, weil ſie für uns intereſſant iſt,
mehr herauslefen zu wollen, als die Worte, unbefangen betrachtet,
geſtatten.

Wir kommen zu dem zweiten Punkt, dem Zeugniß des
heiligen BERNHARD in einem Brief an den Papſt vom 1. Mai 1146
(BERN. ep. 247).. Es iſt von dem Weihnachtsfeſt in Bourges die
Rede: «dies celebris, solemnis curia, juvenis rex et, quod his maius
est, Dei negotium, de Jerosolymitana scilicet expeditione,
propter quod omnes convenerant», und weiter, hinſichtlich
des Kreuzzuges: «bonum, quod vestro (i. e. papae) hortatu
bono et magno animo coepit». Demnach ſoll alſo die Verſamm-
lung zuſammengetreten ſein, um über den Kreuzzug zu berathen,
demnach ſoll BERNHARD den Papſt als den eigentlichen Urheber
des Kreuzzuges angeſehen haben[1]. Dinge freilich, die nicht
wol zu vereinbaren ſind mit der von OTTO von Deuil und
OTTO von Freiſing gemeinfam überlieferten Angabe, daß der
König in Bourges die erſte Mittheilung gemacht habe von dem
beabſichtigten Zug. Aber ſagt denn der Brief in Wahrheit das
genaue Gegentheil der chronicaliſchen Angaben, hat nicht vielmehr GIESEBRECHT die Schwierigkeit übertrieben? Es heißt doch

---

[1] GIESEBRECHT IV, 473.

nicht «Dei negotium propter quod omnes convocati erant», fondern einfach «convenerant»; vom Standpunkt des 1. Mai nach rückwärts gefehen, mußte die Vorftellung des Kreuzzuges als die alles beherrfchende erfcheinen; allerdings war die Einladung nach Bourges wegen der Krönung erfolgt[1]), aber die Bedeutung des Tages und des conventus lag in der Anregung zur heiligen Sache. — Sodann die Worte «vestro hortatu». KUGLER meint, der ganze Charakter des Briefes erlaube nicht, fich an diefe Worte zu klammern. Vergleicht man ähnliche Stellen, fo zeigt fich in der That die Unbeftimmtheit diefes Ausdruckes — fo im Schreiben an die Bretagner[2]) der Passus: instantissima postulatione domini Regis apostolicoque praecepto ... ad Verseliacum advenimus; in einem Brief BERNHARD's an Kaifer MANUEL[3]): ad praeceptum domini Papae et ad qualemcunque exhortationem nostram Francorum rex et innumerabilis multitudo principum ... transitura est per fines vestras. Wie wollte man folche Wendungen wörtlich nehmen und zu Beweisftücken ftempeln? Vollftändig entfcheidend aber ift eine Stelle aus BERNHARD's Buch de consideratione II, 1: quid putas, fchreibt er an den Papft, de me facerent isti, si meo hortatu iterato ascenderent iterato succumberent? Wollte man fich auf das obige· hortatu· vestro fteifen, fo müßte man confequenter Weife aus diefem hortatu meo fchließen, daß wiederum BERNHARD der eigentliche Urheber ·des Kreuzzuges fei. Diefen Schluß wird jedoch Niemand ziehen wollen.

Aber felbft den unvereinbaren Widerfpruch diefes Briefes mit den übrigen Berichten für den Moment zugegeben, fußt nicht der ganze Credit, den GIESEBRECHT diefem Brief beimißt, auf der Vorausfetzung, daß BERNHARD in Bourges gewefen fei, uns alfo ein unmittelbar glaubwürdiges Zeugniß übermittle? Jch erinnere an die vorangegangene Darlegung, welche den Nachweis geführt hat, daß BERNHARD gar nicht in Bourges gewefen ift. Bedenkt man, daß er zu jener Zeit in Clairvaux gelebt hat, das er nur ungern und auf wiederholtes Drängen des Papftes verließ, fo ift klar, daß er auf Mittheilungen anderer fich verlaffen mußte.

---

[1]) «rex episcopis et optimatibus regni ad coronationem suam generalius solito de industria convocatis, secretum cordis sui primitus revelavit». Odo, I. Migne, patrol. lat. vol. 185, 2. col. 1207. -- [2]) ep. 467. Migne, vol. 182, col. 671. — [3]) ep. 468. Migne 182, col. 673.

So mag er denn auch den ihm bekannt gewordenen Inhalt der Verhandlungen fehr wol mit dem ausgefprochenen Zweck der Berufüng verwechfelt haben. — Auf eine Beurtheilung des in Rede ftehenden Briefes im ganzen einzugehen, wird fich weiterhin Gelegenheit bieten.

Wir haben zu zeigen verfucht, daß die Notiz über die Klagen des Bifchofs von Gabala abfolut nicht im Stand ift, für die Entfcheidung der Frage, die uns befchäftigt, irgend ein Argument zu liefern; wir haben auch die Qualifikation des zweiten Zeugniffes beftritten: diefe Pfeudoargumente hatten zu dem obencitirten Compromiß geführt. Nach ihrer Befeitigung find wir zu der urfprünglichen Sachlage zurückgekehrt, adhuc sub judice lis est; wieder ftehen wir vor den zwei Möglichkeiten, das urfprüngliche Schreiben nach dem 1. Dezember 1145 oder nach dem 1. März 1146 zu datiren. Aber wir vergaßen den Gegenftand der Unterfuchung felbft. GIESEBRECHT (IV, 472) hatte den Inhalt des Schreibens für fich in Anfpruch genommen. Und in der That, befäße man diefes Schreiben ganz allein, ohne näheren hiftorifchen Bericht, man würde ihm nicht leicht anmerken, daß es eine Antwort ift, als welche es doch OTTO von Freifing dargeftellt hat — nirgends eine ausdrückliche Beziehung auf eine vorangegangene Frage, überall — fo fcheint es — die rein fpontane Kundgebung. Betrachtet man die Motivirung, um die OTTO weiß, fo fpricht auch hier nichts von einer äußeren Anregung.

Anmerkung. Diefe Motive EUGEN's III. find freilich als Ausdruck feiner perfönlichen Empfindungen und Wünfche wenig authentifch. — OTTO hat fie, wie man fich leicht überzeugen wird, dem Schreiben felbft einfach entnommen. Der Vorderfatz (cap. 34): « Qui (Eugenius) antecesforum suorum exempla, revolvens, quod videlicet Urbanus huiusmodi occasione transmarinam ecclesiam duasque patriarchales sedes, id est Antiochiam et Hierosolymam, ab obedientia Romanae sedis scissas in pacis unitatem receperit . .» entfpricht, wenn auch nicht wörtlich, fo doch vollkommen dem Sinne nach· dem Paffus des Schreibens in cap. 35: « predecessor noster felicis memoriae papa Urbanus tamquam tuba coelestis intonuit et ad ipsius liberationem sanctae Romanae ecclesiae filios . . sollicitare curavit. Ad ipsius vocem ultramontani . . convenerunt et . . civitatem illam, in qua Salvator noster . . pati voluit . . et quamplures alias, quas prolixitatem vitantes memorare supersedimus, a paganorum spurcitia liberarunt», wobei OTTO an Stelle der « quamplures alias »

Antiochia ergänzt hat. Der Nachfatz aber in cap. 34: votis praedicti regis pro dilatando christianae religfonis ritu annuit . . findet feine Quelle in den Worten des Schreibens: «(patres) . . christianum nomen dilatare studuerunt». Was Otto demnach als Beweggründe des Papftes ausgibt, den Ruhm des Vorgängers, das Ideal der Größe und Einheit der Kirche, ift richtiger als der offizielle Phrafenfchwall der päpftlichen Kanzlei an-zufehen. —

So ift denn KUGLER, der auch feinerfeits des genaueren nachgeforfcht hat und dabei eine einzige Stelle für «wunderlich» erklärt hat in ihrer Ausdrucksweife, bei dem Refultat ftehen geblieben: «feftere Stützen für unfer Urtheil können wir nur aus unferm fonftigen Quellenmaterial gewinnen». «Jede weitere Erörterung über die Beziehungen zwifchen Inhalt und Ab-faffungszeit des Schreibens dürften vollkommen in der Luft ftehen» [1]).

Man wird uns nichtsdeftoweniger die Berechtigung zuge-ftehen, das ganze Schreiben und insbefondere jene wunderliche Stelle noch einmal zu betrachten. Wir hoffen den Beweis zu erbringen, daß das Schreiben in der uns vorliegenden Form unmöglich in das Jahr 1145 gefetzt werden darf.

Man achte auf die Adreffe: «an den König der Franken, die Fürften und alle Gläubigen Frankreichs insgefammt» und nun gehe man das Schreiben Satz für Satz durch! Dem Fehlen jeglicher Apoftrophe an den König fteht ein anhaltendes Er-mahnen von Fürften und Volk gegenüber. «gratia Dei et patrum vestrorum studium» — «Gottes Gnade und die Tapferkeit Eurer Väter haben das heilige Land erobert und behaupten helfen. Aber unfere Sünden haben fich gemehrt, und Edella ift zur Schmach des chriftlichen Namens uns entriffen worden». Diefem Eingang folgen die entfcheidenden Sätze der Aufforderung: «in quo quantum ecclesiae Dei et toti Christianitati periculum im-mineat, et nos cognoscimus et prudentiam vestram latere non credimus. Maximum namque nobilitatis et probitatis indicium fore cognoscitur, si ea quae patrum strenuitas acquisivit, a vobis filiis strenue defendantur. Verumtamen si, quod absit, secus contigerit, patrum fortitudo in filiis imminuta probatur». In der That eine feltfame Sprache, auffallend im Munde deffen,

[1]) Anal. S. 25 u. 43.

der zum erften Mal auffordert, der noch keine Veranlaffung
hat, eine Abweifung zu gewärtigen. Vielleicht ift es aber
nicht mehr die erfte Aufforderung, und die Worte «prudentiam vestram latere non credimus» drängen faft zu der Meinung
daß man fich allerdings gegen die Einficht der Gefahr gefträubt
habe. «Universitatem itaque vestram — fo fährt das Schreiben
fort — in Domino commonemus, rogamus atque praecipimus
et in peccatorum remissionem injungimus, ut qui Dei sunt et
maxime potentiores et nobiliores viriliter accingantur et
infidelium multitudini . . . occurrere . . studeatis, ut . . vestra
fortitudo . . integra et illibata servetur». Die wiederholte Be-
tonung des Verdienftes der Väter klingt zu abfichtlich, man
möchte fagen, zu antithetifch, als daß man nicht eine vorangegangene Weigerung oder Theilnahmslofigkeit der nunmehr an-
gerufenen Nachkommen, diefer potentiores et nobiliores herauslefen follte. Und zum Glück fehlen denn auch dazu nicht die
Belege.

Erinnern wir uns, wie Odo von Deuil den Verlauf der
Verhandlungen zu Bourges, Weihnachten 1145, fchilderte —
wie der Bifchof von Langres fich erhob und in begeifterter Rede
alle ermahnte, dem Beifpiel des Königs zu folgen. Aber die
Saat — fo fchreibt der Chronift — die der König durch fein
Beifpiel, der Bifchof durch feine Worte ausftreute, trug nicht
fogleich ihre Früchte. Eine weitere Verfammlung wurde auf
Oftern nach Vezelav beftimmt, um entfcheidenden Befchluß zu
faffen: «ut omnes convenirent et quibus foret inspiratum, crucis
gloriam exaltarent». Von eben diefer Oppofition fpricht auch
der Biograf Sugers[1]), indem er bemerkt, vergebens habe in den
Anfängen des Unternehmens der einflußreiche Abt von S. Denis
fich bemüht, dem König von feinem Plan abzurathen. Wol
mochte man bei diefem Widerftand der Worte fich erinnern,
mit denen einft der Bifchof Hildebert von Tours Gaufrid von
Anjou von der Kreuzfahrt zurückgehalten[2]): Das Gelübde, das
er . felbft fich auferlegt, müffe der Pflicht der Regierung nach-
ftehen, die ihm Gott auferlegt habe.

---

[1]) vita Sugerii III, 1 (rec. XII, 108): «inter ipsa statim initia obviare frustra conatus». — [2]) recueil XV, 327. epp. Hildeberti Turon.

So viel ſteht feſt: der Plan des Königs fand vorerſt keine Sympathieen, er drohte zu ſcheitern an den Bedenken der franzöſiſchen Großen. Dieſe Bedenken niederzuſchlagen, auf die Fürſten einen Druck zu üben, wandte ſich der König zunächſt an Bernhard von Clairvaux; als er hier nicht das ſeinem Drängen entſprechende Entgegenkommen fand, nach Rom an Eugen III. Undurchdringliches Dunkel bedeckt die Spuren der Verhandlungen, die hier gepflogen wurden; bloß das Reſultat theilt Odo uns mit: nuntii lætanter suscepti sunt lætantesque remissi referentes omni favo litteras dulciores regi, obedientiam armis modum et vestibus imponentes peccatorum omnium remissionem etc.[1]). Daß dieſe Worte ein, wenn auch nur knapper Auszug des uns bekannten päpſtlichen Schreibens ſind, darüber hat nie ein Zweifel geherrſcht. Steht aber dieſe Identität feſt und kann der eigenthümliche Ton des päpſtlichen Schreibens nur erklärt werden als gerichtet gegen die in Bourges hervorgetretene Oppoſition, ſo wird man die größtmögliche Sicherheit gewinnen, das Schreiben ſelbſt chronologiſch zu fixiren.

Das Schreiben — ſo wie die Faſſung uns vorliegt — iſt unverſtändlich ohne die Annahme, daß die Mittheilung des Königs in Bourges ihm vorangegangen, daß der Widerſpruch der dort Verſammelten ſeine indirecte Veranlaſſung geweſen iſt — mithin bleibt keine andere Wahl, als ſich für das Datum des 1. März 1146 zu entſcheiden, als denjenigen Zeitpunkt, an dem die päpſtliche Bulle zum erſten Mal erlaſſen worden iſt[2]).

Es iſt hier nicht der Ort, des weiteren zu unterſuchen, inwiefern die damalige Lage und Politik des römiſchen Hofes ein verhältnißmäßig ſo ſpätes Eingreifen zu erklären vermag. Jedenfalls bewies das Verhalten des Papſtes, wie es ſich alsbald in Sachen des Erzbiſchofs von Bourges kundgab, daß er keines-

---

[1]) Dieſe Worte Odo's (Migne 185, 2. col. 1207) ſind von Gieſebrecht IV, 473 nicht mit Glück emendirt worden in der Weiſe: referentes . . . litteras . . regi, diligentiam armis et modum vestibus imponentes. Vielmehr beweiſt eine Parallelſtelle bei Odo V (col. 1230): dum papa sanctus accipitres et canes prohibuit armisque militum et vestibus modum impoſuit . . mit unzweifelhafter Bezugnahme auf die frühere Stelle — daß das Wort modus zu den beiden Dativen armis und vestibus gehört, die Veränderung des für ſich ſtehenden obedientiam in diligentiam alſo grundlos iſt. — [2]) Ueber das Datum der zweiten Ausfertigung vgl. unten S. 47.

wegs als oberfte Pflicht erachtete, um jeden Preis dem heiligen Unternehmen die Wege zu ebnen. Noch ehe die Verfammlung zu Vezelay zufammentrat, hat der Papft in einem neuen Privileg[1]) die Metropolitanrechte von Bourges in ihrem ganzen Umfang beftätigt, ift er offenfiv gegen den Erzbifchof von Rheims vorgegangen. Eben jetzt, da BERNHARD nach anfänglicher Weigerung fich entfchloß, auf Grund ausdrücklicher päpftlicher Vollmacht «gleichfam als die Zunge der römifchen Kirche» das Kreuz zu predigen, da die Augen von ganz Frankreich fich auf die Ofterverfammlung von Vezelay richteten, wo es der glühenden Beredfamkeit des Abtes von Clairvaux gelang, den trägen Widerftand der Fürften zu befiegen, die unfchlüffigen Gemüther in einen Strom der Begeifterung mitfortzureißen, — eben jetzt erging an den Erzbifchof von Rheims, der fich herausgenommen, den König zu krönen trotz fchwebender Appellation und Interdikt, fowie an feine Mitfchuldigen, wie es in dem päpftlichen Schreiben lautete, die Vorladung zur Rechtfertigung nach Rom[2]). Der heilige BERNHARD hatte feine Predigt begonnen, über alles Erwarten waren die Erfolge. Da er mitten auf feinem Triumphzug jene Nachrichten von Rom erhielt, hat er unter dem 1. Mai den Brief an EUGEN III. gefchrieben, der in dem Ton des Meifters dem Schüler gegenüber, mit dem ganzen Aufgebot mächtig ftrömender Rhetorik vor den verderblichen Folgen jenes allzu rigoureufen Verfahrens warnt. Es ift derfelbe Brief, von dem wir zuvor fprachen; im einzelnen darf man auf die Analyfe desfelben, wie fie KUGLER, Analecten S. 32 ff. gegeben hat, verweifen. Aber ficherlich ift es nicht gerathen, einzelne Wendungen, aus diefem Zufammenhang herausgeriffen, zu ftark preffen zu wollen, fie als gleichwerthige Zeugniffe dem nüchternen Ton der Chronik entgegenzuftellen.

Es war — um uns zu den Ereigniffen felbft zurückzuwenden — nicht ohne Grund, daß BERNHARD ausdrückliche päpftliche Autorifation zur Bedingung feiner Propaganda gemacht hatte. Indem er als Organ der höchften geiftlichen Gewalt erfchien, mochte er zugleich hoffen, kraft diefer Vollmacht Richtung und Umfang der Bewegung beftimmen zu können, zu

---

[1]) recueil XV, 438. 1146. März 15. — [2]) recueil XV, 439. 1146. März 26.

verhindern, daß eine concurrirende Predigt die von ihm ge-
wiefenen Bahnen durchbrach. Hatten doch die Erfahrungen des
erften Kreuzzuges gelehrt; daß in der Willkür, in der Sponta-
neïtät der Predigt die Gefahr der Zerbröckelung des Ganzen in
zahllofe, an fich fchwächliche Theile, ja noch mehr, die Gefahr
der Entfeffelung wildefter Leidenfchaften begründet fei. Die
Bürgfchaft des Erfolgs fchien allein in der Concentration der
reichen Kräfte, in ihrer einheitlichen Leitung und Beherrfchung
zu liegen. Aber nun gefchah es, daß während BERNHARD in
Frankreich weilte — denn auf diefes Land befchränkten fich
ihm Vollmacht und Abficht — in den Rheinlanden eine felbft-
ftändige Bewegung fich erhob, in rafchem Lauf von den Gebieten des Niederrhein den Strom hinauf durch die glänzenden
Städte Mainz, Worms, Speier, Straßburg fich fortpflanzte. Ein
Cifterzienfermönch, RADULF, war dort erfchienen, eine Zeit lang
begleitet von dem Abt des Klofters Lobbes: indem er afcetifche
Strenge in feiner Erfcheinung, tiefes geiftliches Wiffen in feiner
Rede zur Schau trug, verfchaffte er fich Gehör, fammelte er fich
einen Anhang, der immer mehr anfchwoll unter feiner Aufforderung, die Feinde der chriftlichen Religion, die Juden, nieder-
zumetzeln. Eine furchtbare Verfolgung bezeichnete feine Spuren
in den Städten rechts und links des Rheins — in multis Galliae
Germaniaeque civitatibus, fagt OTTO —, fchon zeigten die ordent-
lichen Gewalten fich machtlos gegenüber dem fanatifchen Auf-
ruhr der Volksmenge. War aber der Anftifter diefes Treibens
nicht ein Mönch derfelben Ordensgemeinfchaft, der auch BERN-
HARD angehörte? Es lag nahe genug, an ihn fich zu wenden,
fein Einfchreiten zu erbitten. Noch befitzen wir die Antwort[1]),
die er einem Gefuch des Erzbifchofs HEINRICH von Mainz er-
theilte; fie zeigt in den fchärfften Ausdrücken die Verdammung
RADULF's, der durch fein Vagiren nicht minder den Geboten des
Ordens als durch feine Reden den ausdrücklichften Kund-
gebungen der heiligen Schrift Hohn fprach. Aber keine Spur
in diefem Brief deutet darauf hin, daß BERNHARD an ein perfönliches Eingreifen gedacht hätte.

Allgemeiner fpricht OTTO von Freifing[2]) in diefem Zu-

[1]) Bern. ep. 365. — [2]) I, 38.

fammenhang von «nuntii seu litterae», die BERNHARD zur Bekämpfung des Wahns an das Volk jener Gegenden gerichtet; einige Pfalmftellen daraus hat er citirt[1]). Da von derartigen Schreiben nichts fich erhalten hat, auch nirgends fonft ihrer Erwähnung gefchieht, fo hat man die Richtigkeit oder vielmehr die Genauigkeit diefer Angabe OTTO's in Zweifel ziehen wollen[2]). Auch hat man bemerkt, daß diefelben Pfalmftellen am Schluß des Kreuzzugsmanifeftes, welches BERNHARD darnach erlaffen hat, wiederkehren; man kann ferner als auffällig hinzufügen, daß OTTO, der cap. 41 diefes Manifeft mittheilt — zu Anfang vollftändig, weiterhin auszugsweife — die drei Schlußabfätze[3]), welche eine Abmahnung von der Judenverfolgung enthalten, auch nicht einmal auszugsweife mitgetheilt, fondern ganz weggelaffen hat bis auf einen einzigen Satz. Diefer eine Satz aber enthält die Pfalmftelle, die bereits cap. 38 als dem früheren Schreiben entnommen citirt ift.

Verfchiedene Vermuthungen laffen fich daran knüpfen. Zunächft die Annahme, daß OTTO einfach in cap. 38 aus dem ihm vorliegenden Manifeft gefchöpft habe, ganz entfprechend der Methode, nach der er die Motivirung der Entfchließung EUGENS III. dem officiellen Stil der Bulle entnommen hat[4]). In diefem Fall verlieren die Nachrichten des cap. 38 vollftändig ihren Werth. — Wahrfcheinlicher aber fcheint mir eine andere Vermuthung. Die drei Schlußabfätze des Manifeftes find einmal der Bekämpfung des Verfolgungswahnes, fodann der Warnung vor den Gefahren gewidmet, denen — nach den Erlebniffen des erften Kreuzzuges — einzelne tollkühn dem Hauptheer voraufziehende Kreuzfahrerfchaaren entgegengingen. Das Auftreten RADULF's mußte die Erinnerung an PETER den Eremiten wachrufen. Nichts fteht im Weg, den Inhalt diefer drei Abfätze mit dem Inhalt der Abmahnungen, von denen in cap. 38 die

---

[1]) Ob mit nuntii seu litterae verfchiedene Dinge gemeint find — wegen des häufigen Gebrauches von seu = et — mag dahingeftellt bleiben. — Was die Nummer des betreffenden Pfalmes betrifft, fo hat KUGLER die Angabe OTTO's: 57 unrichtig in 59 corrigirt. Das richtige hat bereits WILMANS nach der Vulgata gefetzt: 58, 12. — [2]) KUGLER, Anal. 53 ff. — [3]) Ich citire nach den Abfätzen, wie fie die Drucke bei Migne 182 col. 564 ff. und im recueil XV, 605 angeben. — [4]) S. oben, S. 21 Anm.

Rede ist, zu identificiren. Es kommt dazu, daß in dem Rahmen des ganzen Manifeltes betrachtet, die drei Schlußabfätze eine nicht ganz ausgeglichene Sonderstellung einnehmen. Sie beginnen mit den Worten: «de cætero fratres moneo vos non autem ego sed apostolus dei mecum, non esse credendum omni spiritui» — gleich als follte bereits Gefagtes wiederholt werden; der folgende Satz aber: «audivimus et gaudemus, ut in vobis ferveat zelus dei», der die Thatfache der bereits mächtig wirkenden Begeilterung conſtatirt, ſteht geradezu im Gegenfatz zu den vorangegangenen Theilen des Schreibens, die die Begeiſterung wecken und fchüren follten. Man wird errathen haben, auf was unfere Vermuthung abzielt — daß nemlich diefe drei Abfätze urfprünglich felbſtſtändig gewefen feien, mit anderen Worten, daß man in ihnen die cap. 38 genannten litteræ zu erblicken hätte.

Indem BERNHARD fein großes Manifeſt erließ, erfchien — jene Mahnung von neuem einzufchärfen — das ältere Schreiben durch den Uebergangsfatz: de cætero fratres moneo vos . . . und vielleicht mit Abänderungen im einzelnen, einfach an das neue angehängt. Wer die Compofition des Manifeſtes in feinen verfchiedenen Redactionen. vergleicht, wird in einer folchen Hypothefe nichts unwahrfcheinliches finden.

Drängte fich alfo BERNHARD die Nothwendigkeit auf, den Abmahnungen die pofitive Aufforderung zum Kreuzzuge hinzuzufügen, fo muß er inzwifchen klar erkannt haben, daß die einmal angefachte Bewegung nicht mehr zurückzudämmen war.

Hatte der Gedanke des Kreuzzuges in Frankreich feinen Urfprung, und war wol auch BERNHARD Anfangs Willens gewefen, die Bewegung nicht über die Grenzen diefes Landes zu tragen, fo bewiefen die Ereigniffe am Rhein, daß der religiöfe Drang diefer Grenzen fpotte. Der zehnte Theil der Bevölkerung am Niederrhein — fo fchätzt es eine der Chroniken — nahm das Kreuz; fchon fchlug der Eifer aus den tumultuarifchen Maffen des niederen Volkes über in die höheren Schichten: Verbindungen mit Frankreich wurden angeknüpft, deren auch Odo von Deuil gedenkt: «Alemannorum et Hungarorum etiam reges de foro et transitu requisivit (Ludovicus rex, bald nach Oftern 1146); quorum nuntios et litteras ad suam voluntatem

recepit. Harum quoque regionum duces multi et comites,
eius exemplo provocati, de itineris illi societate scribebant».
Und all' das ohne die Autorifation des Papftes, ohne die Predigt
des heiligen BERNHARD! Eine Bewegung, unabhängig von der
franzölifchen, ihr parallel und Beforgniß erregend in hohem
Grad, weil fie von unten ausging, weil die Symptome, unter
denen fie auftrat, Zweifel erregten, ob man den Ausbruch folcher Begeifterung als ein Glück oder als ein Unglück betrachten
folle. Man wird zugeben, daß bei der thatfächlichen Entfeffelung das befte darin fich fand, die Bewegung in das richtige
Bette zu leiten, um wenigftens eine Gefährdung des ganzen zu
verhüten. So, unter dem Zwang der Thatfachen, hat BERNHARD
— offenbar in dem Gedanken, wenigftens formell die Centra-
lifation des Unternehmens zu fichern; denn an perfönliches Erfcheinen in Deutfchland oder den anderen Ländern hat er auch
jetzt nicht gedacht — ein Schreiben an die Deutfchen wie an
die übrigen Nationen gerichtet, worin er fie aufrief, für ihr
ewiges Heil zu forgen, mit dem Kreuz fich zu bezeichnen. Es
war der Moment, in dem die franzölifche Kreuzzugsbewegung
in eine allgemein abendländifche fich verwandelte.

Ich habe damit vorgreifend den Zufammenhang angedeutet,
in den diefes Schreiben zu fetzen ift. Ueber feine chronologifche
Fixirung haben fich nicht mindere Streitigkeiten erhoben als
über die Bulle des Papftes: vielleicht ift es die complicirtefte
der Streitfragen, die um die Schwelle des zweiten Kreuzzuges
gelagert find.

Das Kreuzzugsmanifeft ift in verfchiedenen Redactionen
bekannt. Wir beginnen mit ihrer Aufzählung.

OTTO von Freifing (gesta Fr. I, 41) gibt es unter der Adresse:
dominis et patribus carissimis, archiepiscopis, episcopis et universo clero et populo orientalis Franciae et Baioariae; unter den
Briefen BERNHARD's von Clairvaux (ep. 363 bei Mabillon und
Migne 182 col. 564) trägt es die Adreffe[1]): Domino et patri
carissimo venerabili episcopo Spirensi et universo clero et populo; BARONIUS[2]) fand es überfchrieben: Mainfredo Brixiensis

---

[1]) So die urfprüngliche Adreffe. MABILLON hat fie durch die weitere
OTTO's erfetzt. — [2]) Annales ecclesiastici XVIII, col. 663.

ecclesiae episcopo, necnon consulibus, militibus et universis populis sub eo constitutis. MABILLON bemerkt, daß diefes Schreiben «non eodem tantum argumento, · sed et totidem, pene verbis, mutata tantum Epigraphe, ad diversas Nationes, Provincias et urbes» gerichtet worden fei: «nam in MS ex Anglia mihi misso, item in alio Confluentino inveni Populo Anglorum inscriptam», wozu am Rand bemerkt ift «extat in MS S. Victoris Paris. sub eadem epigraphe[1])».

Ferner von diefer Gruppe und nur in einzelnen Wendungen und Gedanken daran erinnernd fteht das Schreiben an die Böhmen[2]), welches die beftimmte Datirung zwifchen dem 17. Feb. und Oftern 1147 · geftattet; fodann das an die Bretagner[3]), mit welchem ein von GIESEBRECHT in einem Münchener Codex entdecktes Fragment (IV, 474) großentheils wörtlich übereinftimmt, um mit einer kurzen Abmahnung von der Judenverfolgung zu fchließen.

· Vergleicht man die Redactionen der erftgenannten Gruppe, fo find darin fo wenig individuelle Züge, fo wenig Beziehungen zu den fpeciellen Adreffen· zu entdecken, daß man fie nicht anders denn als Ausfertigungen einer zur Encyclica beftimmten Vorlage anfehen kann. Dafür einige Beifpiele. Möchte man auf den erften Blick glauben, daß die Worte zu Beginn des 5. Abfatzes: «quia ergo fecunda est virorum fortium terra vestra et robusta noscitur iuventute referta, sicut laus est vestra in universo mundo . . .» ein fpecieller Hinweis feien auf den durch die Jahrhunderte bewährten Kinderreichthum Deutfchlands, fo findet man genau die gleiche Stelle in dem Schreiben an Brescia, theilweife fogar in dem an die Bretagner. Umgekehrt fehlt die Stelle der beiden nach Deutfchland gerichteten Schreiben: «cesset pristina illa non militia sed plane malitia qua soletis iuvicem sternere, imo perdere, ut ab invicem con-

---

[1]) So in der Octavausgabe der Werke BERNHARD's in 6 voll. von MABILLON und HORST. Paris 1667. notae in tom. I, p. 162 in epist. 322. — [2]) Boczek, cod. dipl. et ep. Morav. I, 255. Es heißt hier: profecturus est exercitus Domini in proximo Pascha, ein Termin, der erft in Etampes feftgeftellt wurde. — Auch bei Migne 182, col. 654. — [3]) Nicolai monachi (der Sekretär BERNHARD's) ad Comitem et Barones Britanniae. Migne ep. 467, recueil XV, 607.

sumamini u. f. f.» in dem italienifchen Schreiben, wo man fie angefichts der unaufhörlichen Zänkereien der lombardifchen Städte, die auch in diefen Jahren[1]) entbrannt waren, höchft angemeffen fände. — Am nächften dem urfprünglichen Entwurf fcheint mir, wenn man aus dem einheitlichen Eindruck des Ganzen fchließen darf, das Exemplar, welches BARONIUS gibt, zu ftehen; es fchließt fchwungvoll mit der Aufforderung, die Waffen zu ergreifen: «felicia arma corripite Christiani nominis zelo ad faciendam vindictam in nationibus et increpationes in populis. Valete. Amen». Es fpricht fehr für die zuvor begründete Annahme, wonach der Schluß der beiden deutfchen Schreiben hinzugeflickt fei, daß gegenüber dem vielleicht zu gefpreizten Pathos des Hauptftückes die Abmahnung von den Verfolgungen und die Warnung vor Zerfplitterung der Kräfte doch nur einen matten Ausgang bietet: «propterea omnino timendum est, si similiter et vos feceritis (wie beim erften Kreuzzug) ne contingat et vobis similiter. Quod avertat a vobis Deus qui est benedictus in sæcula. Amen». Nebft diefem Appendix kommt weiter als charakteriftifch für die beiden deutfchen Schreiben in Betracht eine Einfchiebung im erften Abfatz: «agerem id libentius viva voce, si, ut voluntas non deest, suppeteret et facultas», worin man eine Antwort darauf erblicken mag, daß ein perfönliches Erfcheinen BERNHARD's gerade in Deutfchland gewünfcht worden war.

Es muß uns nach diefer rein formalen Betrachtung des Kreuzzugsmanifeftes Wunder nehmen, daß man überhaupt auf den Gedanken kommen konnte, die Abfaffungszeit der beiden Schreiben an die Speirer und an die Oftfranken fei für eine verfchiedene zu halten. Und doch hat KUGLER[2]) die Priorität des Speirer Schreibens behauptet: laffe fich ja doch fonft kaum erklären, wie überhaupt das Schreiben zu diefer Adreffe gelangt fei. Worauf man einftweilen mit der einfachen Gegenfrage erwidern kann, wie denn ein anderes Schreiben gerade zur Adreffe von Brescia gekommen fei. Auch GIESEBRECHT hat diefes Schreiben dem an die Oftfranken vorangeftellt wiffen wollen. — In-

deß fteht die Frage des Zeitverhältniffes der beiden Schreiben
in zu enger Verbindung mit ihrer Datirung überhaupt, als daß
wir nicht zunächft in diefe letztere Frage eintreten follten. Ift
hier die Entfcheidung gefunden, fo wird auch auf jene Unklar-
heit Licht fallen. Indem wir alfo den Zeitpunkt der Abfaffung
des angeblich früheren der beiden Schreiben feftzuftellen fuchen,
wollen wir von den Anfichten KUGLER's[1] unfern Ausgang nehmen.

Den Anknüpfungspunkt findet KUGLER in dem Speirer
Reichstag, Weihnachten 1146: mitten unter den Triumphen der
alemannifchen Reife, die BERNHARD im Dezember 1146 unter-
nahm, fei ihm der Gedanke gekommen, auch auf Speier und
die dort verfammelte Fürftenfchaft einzuwirken; da er fich in-
deffen gefcheut, zum zweiten Mal vor König KONRAD zu erfcheinen — denn fchon einmal, in Frankfurt, war er mit feinen
Ermahnungen vom König abgewiefen worden — foll er zunächft
diefes Schreiben verfaßt haben, bis darnach feine immer fteigen-
den Erfolge ihn veranlaßten, dem Brief nachzueilen und einen
neuen Angriff auf den König zu verfuchen. — Ift damit das
Datum des Briefes in den Dezember 1146 verfetzt, fo fchloß
fich daran confequenter Weife — immer die Priorität des Speirer
Schreibens vorausgefetzt — die Folgerung, daß der Brief an die
Oftfranken erft nach der alemannifchen Reife entftanden fein
könne. Eine Datirung, welche an zwei weiteren Gründen[2] ihre
Stütze finde. Denn 1. fei die Adreffe nur an Oftfranken und
Baiern gerichtet, nicht an die Alemannen, könne alfo nur einer
Zeit angehören, wo diefe nicht mehr in Betracht gekommen
feien, und 2. erwähne OTTO von Freifing diefes Schreiben nicht
vor Mitte Februar 1147, zu welcher Zeit es auf dem Tag von
Regensburg vorgelefen wurde. — Diefe Gründe mißbrauchen
entfchieden das argumentum ex silentio. Kann denn nicht ein
fpecielles Schreiben an die Alemannen exiftirt haben, fo gut
eines an Brescia und die Bretagner gerichtet wurde? Im zweiten
Fall aber ift ein folches argumentum ebenfo unerlaubt, da OTTO
hier mit offenbarer und man kann fagen abfichtlicher Flüchtig-
keit über die Dinge berichtet.

Anmerkung. Ich erinnere zunächft an längft Beobachtetes. Der
Satz: Audiens hoc (c. 39) princeps generalem curiam . . indixit will uns

[1] Anal. S. 44 ff. — [2] Studien S. 5.

den Widerfinn glauben machen, als habe der König den Speirer Tag nur
berufen, um BERNHARD fein Gefchäft zu erleichtern. Sodann die unchro-
nologifche Erzählung von BERNHARD'S Anwefenheit in Mainz nach dem
Speirer Tag. Von den Frankfurter Begebenheiten, der alemannifchen Reife ift,
.wie KUGLER, Studien S? 10, bemerkt, nichts gefagt. Um aber darin eine
Abficht OTTO'S zu erkennen, genügt es, auf feine Behandlung des Speirer
Tages zu verweifen, der man nicht anmerkt, daß hier ein «miraculum
miraculorum» fich ereignete. «crucem accipere persuasit» heißt es von
BERNHARD, während cap. 36 der König von Frankreich «cum multa mentis
alacritate» das Kreuz nahm. Jenes «persuasit» erhält aber erft die richtige Beleuchtung, wenn man in cap. 40 vom Regensburger Tag (Feb. 1147)
lieft, die Fürften hätten fich von felbft zum Gelöbniß der Kreuzfahrt gedrängt, fo daß es nur weniger Worte des Abtes ADAM von Ebrach bedurfte: er hatte nicht nöthig «persuasibilibus humanae sapientiae
verbis vel artificiosae juxta praecepta rhetorum orationis circuitus insinua-
tione». Man erkennt hier ziemlich deutlich die — zumal nach den Erfahrungen des Kreuzzuges — begreifliche Verftimmung der Männer des
Hofes über das «untoward event» des Speirer Tages und verfteht die
Neigung, rafch über diefe Dinge wegzugehen.

Ein Grund, das Schreiben an die Oftfranken auf einen fo
fpäten Zeitpunkt zu fixiren, liegt alfo nicht vor — außer in der
Datirung des Schreibens an Speier. Sehen wir, ob diefer Grund
Stand hält.

BERNHARD foll «eine heiße Sehnfucht empfunden haben,
auch auf das an fich fchon wichtige Speier und mehr noch auf
die fich dort verfammelnde Fürftenfchaft einzuwirken»[1]). Es
fteht feft, daß BERNHARD im November bereits in Worms das·
Kreuz gepredigt hat, daß er eine unzählbare Menge mit dem
Kreuz bezeichnete[2]); Ende diefes Monats war er in Frankfurt
das bereits zur Orientalis Francia zählt[3]). Hier war es, wo er
fogar den Verfuch machte, den König zur Theilnahme zu bewegen. In diefen Städten war die Kreuzzugsbewegung in vollem
Gang, als es den Bitten des Bifchofs von Conftanz gelang,
BERNHARD zur Fortfetzung der Predigt in den alemannifchen
Gebieten zu bewegen. Dort nun, im Dezember, foll ihm der
Gedanke gekommen fein, Speier und die Fürften aufzufordern!
als ob die Bewegung fich auf die Orte befchränkt hätte, die ihn

---

[1]) Anal. S. 51. — [2]) mirac. Bern. pars II, cap. 7. Migne tom. 185. —
[3]) Otto Fris. I, 43 «in oppido orientalis Franciae Franconfurde».

leiblich erfchaut hatten, und Speier, das nicht minder die Judenverfolgungen erlebt hatte, gleichwol eine Art Enclave in dem
ringsum gährenden Kreuzzugsfanatismus geblieben wäre. Von
den Fürften aber ift weder in der Adreffe noch in dem Schreiben
felbft etwas zu lefen, noch auch ift die•leifefte Beziehung auf
Speier überhaupt zu entdecken.

Dazu ein zweites. Es findet fich in dem Schreiben eine
Stelle, die fich ohne Schwierigkeit auf den Mönch RADULF beziehen läßt: «si quis voluerit . . exercitum praevenire, nullatenus
audeat; et si a nobis missum se simulet, non est verum; aut
si oftendat litteras tamquam a nobis datas; sed omnino falsas,
ne dicam furtivas esse dicatis». Gegen nichts wendet fich
BERNHARD in feinem Antwortfchreiben an HEINRICH von Mainz
heftiger als gegen die usurpatio praedicationis, die fich RADULF
anmaßt; er nennt ihn wiederholt mendax und fagt von ihm:
«homo ille, de quo agitur in litteris vestris, neque ab homine
neque per hominem sed neque a Deo missus venit». Halten
wir daran feft, daß jene Warnung[1]) des Manifeftes fich auf
RADULF bezieht, fo muß er noch in Thätigkeit gewefen fein, als
das Schreiben verfaßt wurde. Seine Thätigkeit aber dauerte bis
in den November 1146. Im Dezember, da RADULF durch BERN-
HARD vom Schauplatz feiner Thaten bereits entfernt war, hätte
jene Beziehung keinen Sinn mehr.

Die Haltlofigkeit von KUGLER's Annahme zeigt fich indeß.
weit evidenter als an folchen Einzelwiderfprüchen an der Grund-
vorausfetzung, von der er bei der Auffaffung diefer Verhältniffe
ausgeht.

Klar ift, die beiden Schreiben können erft entftanden fein,
als der Gedanke, die deutfche Nation in großem Maßftab herein-
zuziehen in die Kreuzzugsbewegung, in BERNHARD reifte. Diefen
Zeitpunkt haben wir bereits zuvor innerhalb des allgemeinen
hiftorifchen Zufammenhangs zu kennzeichnen gefucht[2]). Eine
Differenz in der Datirung des Schreibens involvirt eine Differenz
in der Auffaffung der allgemeinen Verhältniffe, denen es feine
Entftehung verdankt. Wir müffen daher diefe Grundauffaffung

---

[1]) Die Warnung ift nicht unbegründet, da BERNHARD wol ftatt feiner
Abgefandte fchickte, fo den Bifchof GAUFRID von Chartres in die Bretagne.
— [2]) S. oben S. 28 f.

KUGLER's prüfen. Er fagt: um der dringenden Bitte des Erzbifchofs von Mainz Folge zu leiften, «kam BERNHARD felbft an den
Rhein, zwang RADULF, vom Predigen abzuftehen und dämpfte,
wenigftens dort, wo er perfönlich erfchien, die Wogen des Auf-
ruhrs. Einmal mit deutfchen Angelegenheiten befchäftigt, im Reich anwefend und von Hoch und Nieder mit unbe-
grenzter Verehrung behandelt, fing er nun auch hier an,
das Kreuz zu predigen etc.». «Der heilige BERNHARD
denkt nicht eher daran, die Deutfchen zum Kreuzzug
aufzufordern, als bis er, einem zufälligen Anftoß folgend,
mitten unter denfelben fich befindet; und in ähnlicher
Weife entwickelt fich feine fernere Thätigkeit . . . ftets aus den
nächften äußeren Antrieben[1].» Mit diefen Worten wird es als
Zufall charakterifirt, daß BERNHARD fich veranlaßt fand, das Kreuz
zu predigen; es ift ein Vorgehen, das geradefogut hätte unter-
bleiben können, wenn nur die Unruhen — denn das war die
Hauptfache — gedämpft wurden. — Freilich, in diefem Fall
ift nicht abzufehen, wie BERNHARD bereits im Sommer oder Herbft
1146 dazu gekommen fein follte, jenes Schreiben abzufenden[2]).
Ift das aber der richtige Connex der Dinge, wie wir ihn
foeben dargeftellt fahen?

Es ift wahr, daß RADULF durch fein fanatifches Treiben die
Judenverfolgungen am Rhein hervorgerufen hat; aber man darf
nicht aus einem noch fo bedeutenden Accidens die Hauptfache
machen, man darf nicht vergeffen, daß das erfte und haupt-
fächlichfte Beftreben RADULF's die Kreuzpredigt war, die er wol
zur gleichen Zeit wie BERNHARD in Frankreich, auf eigene Hand
begonnen hatte. Wol der zehnte Theil der Bevölkerung nahm
von ihm das Kreuz; man begrüßte ihn als einen neuen Apoftel,
und feine Predigt, fein Verdienft ward dem BERNHARD's gleich
geachtet: die Cölner Chronik nennt als die Urheber des Kreuzzuges BERNHARD und RADULF in einem Athem[3]). Kein Zweifel,

---

[1] Anal. S. 48 u. 52. — [2] Anal. S. 49. — [3] annales Rodenses M. G.
SS. XVI, 718: insigniti sunt . . . quasi decima pars totius terrae. — Gesta
abb. Lobbiensium M. G. SS. XXI, 329: a novo quodam ut putabatur apostolo
Radulfo . . . verbum Dei disseminabatur . . . nec minus eodem studio
s. memoriae venerandus b. Abbas Bernardus eodem tempore flagrabat. —
Ann. Colon. max. XVII, 761.

hier war lange vor der Ankunft BERNHARD's die Begeiſterung
für einen Kreuzzug entfacht. Stand es aber ſo, ſo war es kaum
ein Zufall, daß BERNHARD auf den Gedanken kam, das Kreuz
zu predigen. Er ſand die Bewegung vor in einer Stärke, daß
es ihm in Mainz nur mit Mühe gelang, das Volk vom Aufſtand
zurückzuhalten, als er gegen RADULF auftrat. Hier iſt der Diffe-
renzpunkt der Anſicht, die wir bekämpfen. Die Dinge lagen
nicht ſo, daß BERNHARD, nachdem er den Verfolgungen Einhalt
gethan, die Wahl gehabt hätte, das Kreuz zu predigen oder
nicht. Vielmehr, wollte er den Anſtifter der Exceſſe beſeitigen,
ſo mußte er umſomehr in der Kreuzpredigt ſein Nachfolger
werden. Es war kein Zufall, ſondern die einfache Conſequenz
der Situation, wie ſie BERNHARD, ſeit er überhaupt von RADULF's
Thätigkeit gehört, bekannt ſein mußte, daß er ſich nun an die
Spitze der Bewegung ſtellte, ſie zu läutern und zu dirigiren —
wie wir denn von Worms beſtimmt wiſſen, daß er daſelbſt gepredigt hat, ehe er zu den Alemannen ging. Ich weiß nicht,
ob jemand glauben wird, daß BERNHARD im Dezember — nachdem er jene Gegenden von hellſter Begeiſterung entflammt ge-
ſehen, von einer Begeiſterung, die er mehr zu zügeln als zu
ſchüren Veranlaſſung fand — auf den Gedanken gekommen ſei,
in einem nachträglichen Schreiben zur Betheiligung am Kreuzzug aufzufordern.

Müſſen wir demnach eine ſo ſpäte Datirung entſchieden
verwerfen, ſo läßt ſich auch nicht wol abſehen, wozu die überdies
formal anſtößige Annahme der Priorität des Speirer Schreibens
dienen ſoll. Vielmehr wird das Rundſchreiben gleichzeitig theils
unter allgemeiner Adreſſe wie an die Oſtfranken und Baiern
theils unter ſpecielleren wie an Speier — und zwar die letzteren
vermuthlich gerade in die Städte, die Zeugen der Ausſchreitungen
geweſen waren — ergangen ſein. Daß gerade dieſe zwei Adreſſen
ſich erhalten haben, mag vorläufig als Zufall angeſehen werden,
bis die weitere Darſtellung im Stand ſein wird, ihn auf einfache
Weiſe zu erklären[1]).

In welchen Zeitpunkt aber — dieſe Frage drängt ſich
immer entſchiedener auf — ſind nun jene Schreiben zu ver-

---

[1]) S. unten S. 47.

fetzen? Als terminus ad quem hatten wir den November 1146
gefunden. Da in beiden Schreiben BERNHARD die Möglichkeit,
felbft nach Deutfchland zu kommen, für ausgefchloffen hält, fo
müßte man wiffen, wann er feine Abfichten geändert hat oder
— da man nicht Ausficht hat darauf eine genügende Antwort
zu finden — wann er die Richtung nach Deutfchland einge-
fchlagen hat.

Es gälte alfo, zu unterfuchen, in welcher Weife BERNHARD
, dem Auftrag, das Kreuz zu predigen, nachgekommen ift, welche
Theile von Frankreich er bereift, welchen Weg er nach Deutfchland genommen hat. Aber über all' diefen Dingen liegt das
tieffte Dunkel, um fo bedauerlicher und auffälliger, als wir über
die Rückreife aus Deutfchland in den Aufzeichnungen über die
Wunder, die unter den Füßen BERNHARD's von Tag zu Tag
hervorfproßten, ein vollftändiges und genaues Itinerar befitzen.
Man mag fich wundern, daß bei folcher Befchaffenheit unfres
Quellenmaterials man bis heute — foviel wir fehen — den einzigen Verfuch, Licht in jene dunklen Particcen zu bringen, un-
beachtet gelaffen hat.

Der gelehrte DOM PITRA hat die Spuren von dem Auftreten
BERNHARD's in Deutfchland zurückverfolgt und folche im September 1146 im nördlichen Frankreich, darnach in Flandern
gefunden, von wo aus BERNHARD — wahrfcheinlich über Lüttich
— an den Rhein gereift wäre. Wenn fich diefe Spur beftätigte,
fo ließe fich die Annahme daran knüpfen, daß auf diefer flan-
drifchen Reife, ja vielleicht fchon vorher, die Abficht eines perfönlichen Eingreifens in Deutfchland bei BERNHARD gereift fei.

Damit wäre eine neue, mehr zurückliegende Grenze der chronologifchen Fixirung unferes Schreibens gewonnen.

Fragen wir alfo zunächft, wie es mit den Argumenten
PITRA's[1]) fich verhält. Es wird für unfere weltlichen Zwecke
geboten fein, von den Erwägungen über eine fpätere Tradition,
die fich im Anfchluß an das wunderfame Marienbild des Klofters
Afflighem gebildet hat, abzufehen und uns bloß an das urkund-
liche Material zu halten[2]).

―――――――

[1]) Notre-Dame d'Afflighem; revue catholique VI, 1848/49 p. 425 und
457 ff. und mit Beifügung der pièces justificatives bei Migne 185, 1 col.
1788 ff.: documens sur un voyage de S. Bernard en Flandres. — [2]) Was die

Da fteht nun in erfter Linie eine Urkunde BERNHARD's, in
der ein Streit zwifchen den Abteien Ninove und Jette (beide in
der Nähe von Afflighem belegen), gefchlichtet wird. Die Zeit-
angabe fehlt. Da indeß eine Entfcheidung des Bifchofs von
Cambray für den gleichen Fall vorliegt mit dem Datum 1146,
ferner eine Beftätigung von BERNHARD's Urtheil durch denfelben
Bifchof von Cambray, ebenfalls 1146, fo hat PITRA kein Bedenken genommen, die Urkunde BERNHARD's in das Jahr 1146
zu fetzen. — Aber dabei ift überfehen, daß das Datum 1146.
einen Spielraum bis Oftern 1147 geftattet.

Anmerkung. Der Jahresanfang ift für jene Gegenden wol auf
Oftern zu fetzen, wie auch fpäterhin vielfach in den Niederlanden. Die
nachher anzuführende Urkunde von ABBAS fügt zu ihrer Jahresangabe
ausdrücklich ein post pascha. WAUTERS, table chronologique des chartes
etc. de la Belgique II, 271, fetzt beide Urkunden des Bifchofs von
Cambray zu 1147 Jan.-Apr., die Sentenz BERNHARD's aber II, 267 zu 1146.

In diefem Fall ergibt fich die Möglichkeit, die Urkunde
BERNHARD's in den Januar 1147 zu fetzen, in welchem Monat
BERNHARD auf dem Rückweg aus Deutfchland von Lüttich über
Gembloux nach Mons, Valenciennes, Cambray gereift ift. —
Vielleicht gewährt die Zeugenangabe einen Ausweg aus diefem
Dilemma.

Wir gedachten bereits der Berichte über die Wunder-
thätigkeit BERNHARD's, welche aus den Aufzeichnungen feiner
Begleiter auf der alemannifchen Reife und von da den Rhein
hinab bis zur Heimath zufammengeftellt worden find. — Das
1. Capitel des I. Theiles jener Aufzeichnungen, der bis zum
Speierer Weihnachtsfeft reicht, erwähnt unter den Begleitern des
Abtes von Clairvaux den Bifchof HERMANN von Conftanz, deffen

chronicalifchen Angaben betrifft, fo citirt PITRA 1. aus dem chronicon
S. Bertini eine Stelle, die weder in dem Cartulaire de l'abbaye de S. Bertin
ed. Guérard noch im Appendice ed. Morand zu finden ift. Vielleicht ift es
Interpolation einer Handfchrift; 2. aus der hiftoria Villarienfis bei Martene,
thes. III col. 1269. Diefe Stelle aber kann fich, da Villers noch 1146 ge-
gründet wurde, nur auf BERNHARD's Reife nach Flandern im Jahr 1138 beziehen; 3. das martyrol. Villarienfe, welches den 18. Oct. als Datum des
Wunders in Afflighem nennt; auch das kann fich auf das Jahr 1138 beziehen. — Eine Notiz, die ich in der Chronik von Lieffies fand (monumens
pour fervir à l'hift. des Provinces de Namur etc. tom. VII. 1847), fcheint eher
den Januar 1147 zu meinen.

Caplan Eberhard, zwei Aebte Balduin und Frowin, zwei Mönche
Gerard und Gaufrid, fowie drei Cleriker, den Archidiakon Philipp
von Lüttich, Otto und Franco; dem zweiten Theil, der den Zeit-
raum von Speier bis Lüttich umfaßt, geht ein Schreiben voraus,
worin Everardus, Geraldus et Gaufridus monachi erfcheinen,
Philippus Leodic. Volmarus Conftantiensis et ceteri tirones quos
vir Sanctus eripuit de medio Baylonis. Vergleichen wir damit
die Zeugennuterfchriften unfrer Urkunde, fo finden wir außer
den Aebten der Nachbarklöfter Afflighem, les·Dunes und Tron-
chiennes wieder den Abt Balduin von Chatillon und jene drei:
Everardus, Geraldus, Gaufridus.

Da nun Eberhard erft im zweiten Theil der Aufzeichnungen
erfcheint, fo wird er erft während oder nach der alemannifchen
Reife zu den Begleitern Bernhard's gehört haben; man müßte
denn annehmen,. er fei identifch mit dem Eberardus cappellanus
des erften Theiles, in welchem Fall er doch auch erft Ende
November mit dem Bifchof von Conftanz zu Bernhard gekommen wäre[1]). Erfcheint alfo Eberhard auf jener Urkunde
als Zeuge, fo kann fie unmöglich dem Jahr 1146 angehören.
Gibt man das zu, fo ift für die genauere Datirung folgender
Anhaltspunkt vorhanden: der Bifchof Nicolaus von Cambray
kam Bernhard bis Mons, der erften Stadt des Hennegau, mit
feinem Gefolge entgegen, 1147 Januar 24./25.[2]). Von diefem
Datum dürfte der Entfcheid Bernhard's und die Beftätigung
durch den Bifchof von Cambray nicht allzuweit entfernt fein.

Soviel ift jedenfalls klar, daß mit diefer Urkunde keine
Reife Bernhard's in jene Gegenden für das Jahr 1146 zu beweifen ift. Es ift vielmehr nöthig, daß wir einen abfolut beftimmten Punkt gewinnen, der in feiner chronologifchen Fixirung
jeden Zweifel ausfchließt. Dazu verhilft uns eine Urkunde von
Brügge. Der Caftellan Radulf von Brügge fchenkt der Kirche
S. Barthol. d'Eckhout einen Zins: testes affuerunt Bernardus
abbas Clarevallensis, Leonius abbas S. Bertini. actum Brugis
anno Inc. Dom. 1146[3]). Wie ein Blick auf die Karte lehrt,
liegt Brügge fo weit ab von der Route, die wir aus dem Jan. 1147

[1]) Identificirt find fie in einem Auffatz über Bernhard's Aufenthalt
in der Diöcefe Conftanz im Freiburger Diöcefanarchiv III, S. 283. — [2]) mirac.
pars III c. 11. — [3]) Pitra bei Migne pièces justif. VIII. Wauters II, 264.

kennen, daß man auf Grund diefer Urkunde einen Aufenthalt
BERNHARD's in Brügge zu einer anderen Zeit conftatiren muß.
Von diefem Punkt aus darf man eine Reihe weiterer Spuren
in Betracht ziehen. Der Graf DIETRICH von Flandern beftätigt
dem Propft HELMAR von Ypern «cum glorioso Francorum rege
Lodovico Jerosolymam profecturus» feine Rechte in Gegenwart
des Bifchofs von Térouanne und des Abtes von Clairvaux[1]); —
fodann wird die Anwefenheit diefer beiden erwähnt, Atrebati
1146[2]), in einer Stadt alfo, die BERNHARD gleichfalls nicht im
Januar 1147 berührt hat. Zieht man hinzu, daß eine Schen-
kungsurkunde DIETRICH's von Flandern, gleichfalls in Arras 1146
post pascha ausgeftellt, den Zufatz enthält: «comite revertente
de Wergelai (sic! ftatt Vezelay) et in Christo ipso volente sig-
nato[3])», fo wird man fich Arras als Uebergangsftation nach
Flandern auch für BERNHARD denken können. Er würde fodann feinen Weg — vielleicht über Ypern — nach Brügge genommen haben. Von da ab freilich verfchwinden die Spuren
wieder vollftändig, und wir find auf einige Muthmaßungen angewiefen. Die Annalen von Klofterrath bei Aachen berichten
von RADULF's mehrerwähnter Kreuzpredigt: «et cum ipfe tran-
sisset hanc terram usque Maguntiam crucis prædicando victoriam
contra paganorum insolentiam subsecutus est eum abbas Clarevallensis ab officio surripiens exhortationis . . .» Da nun BERN-
HARD darnach in Deutfchland zuerft in Mainz gegen RADULF
auftritt, fo möchte man glauben, daß, wie subsequi andeutet,
BERNHARD den Spuren feines Nebenbuhlers gefolgt fei. Und in
der That hatte BERNHARD allen Grund, gerade da RADULF's
Ufurpation feine legitime Predigt entgegenzuftellen, wo — nach
der Angabe der gesta abbatum Lobbiensium — der Abt von
Lobbes felbft RADULF eine Zeit lang begleitet und ihn durch
feine Kenntniß der beiden Idiome, des deutfchen und roma-
nifchen, unterftützt hatte. Nimmt man hinzu, daß am Ober-
rhein in BERNHARD's Gefolge der Cleriker PHILIPP von Lüttich
erfcheint, der dann auch auf der Rückreife dem Abt behülflich
war, fo mag diefer Lütticher Cleriker bereits auf dem Weg nach
Mainz fich BERNHARD angefchloffen haben. —

---

[1]) Wauters II, 264 und Migne. — [2]) ibid. — [3]) Wauters II, 264.

Wenn Bernhard bislang nicht daran gedacht hatte, die Gegenden am Rhein zu befuchen, fo mußte er fich angefichts der Situation, die er an den Stätten von Radulf's Triumphen vorfand, zum Gegentheil entfchließen, wenn er nicht überhaupt fchon in der Abficht fich nach Flandern begeben hat, von da aus fich oftwärts zum Rhein zu wenden. Erinnern wir uns, daß wir den Zeitpunkt, da Bernhard in Mainz gegen Radulf aufgetreten ift, November 1146, als terminus ad quem des Rund-fchreibens bezeichneten, fo müßte man wol bis in den October oder September zurückgehen, um zu dem Stadium zu gelangen, wo Bernhard noch nicht an jene Reife, die ihn dann zum Rhein geführt hat, dachte. Es verfteht fich von felbft, daß damit keineswegs ausgefchloffen ift, daß das Schreiben nicht um ein bedeutendes früher, alfo im Hochfommer 1146 entftanden fein könnte. Später aber als Sept./October möchte man es kaum anfetzen dürfen.

Blicken wir einen Moment auf den Zufammenhang zurück, den bis zu diefem Punkt die Ereigniffe gewonnen haben. Ein Brief Heinrich's, des Erzbifchofs von Mainz — und man darf auch an fonftige Mittheilungen denken — hatte Bernhard's Auf-merkfamkeit auf die Unruhen und Verfolgungen in Deutfchland gerichtet. Als er darauf antwortete und das Treiben Radulf's verdammte, die Löfung aller Bande des Rechts und der Ord-nung beklagte, hatte er felbft noch keine Ahnung davon, daß er in nicht ferner Zeit an jenen Orten eine der gewaltigften Unternehmungen befördern werde. Denn die briefliche Mah-nung Bernhard's, aber auch feine öffentlichen Abmahnungs-fchreiben fcheinen keine merklichen Wirkungen gehabt zu haben: die Unruhen griffen weiter um fich; fchon galt es nicht mehr, fie zu erfticken oder zu dämpfen; fie in eine andere, in die richtige Bahn zu lenken, wurde Bernhard's leitender Gedanke. Daraus ift das Kreuzzugsmanifeft an die Deutfchen entfprungen. In diefem Schreiben war nur die Nation zur Theilnahme auf-gefordert, an den König felbft war es nicht gerichtet und konnte es zunächft nicht gerichtet fein: hatte doch Bernhard zu An-fang des Jahres 1146 die Befreiung des Papftes aus der Gewalt der Römer als die heilige Aufgabe des Königs bezeichnet[1]).

---

[1]) Bern. ep. 244.

Kaum aber, erfcheint Bernhard in Deutfchland, fo beginnen
feine Verfuche, nun auch König Conrad in den mächtigen Strom
der Kreuzzugsbewegung hineinzuziehen. Mehrmals gedachten
wir ihrer Zufammenkunft, Ende November, zu Frankfurt[1]); doch
wiffen wir nicht, waren bereits andere Bemühungen vorangegangen oder kam das Anfinnen Bernhard's dem König über-
rafchend; keine Spur ift bis jetzt entdeckt worden, welche diefe
merkwürdigfte Wendung in der Vorgefchichte des Kreuzzugs
weiter zurückzuverfolgen geftattet hätte. Und doch exiftirt eine
folche, gewiffermaßen eine Brücke zwifchen dem großen Manifeft an die Deutfchen und der Frankfurter Zufammenkunft —
ich erkenne fie in Bernhard's 183. Briefe.

Diefer Brief «ad Conradum regem» hat die verfchieden-
artigften Datirungen fich gefallen laffen müffen und doch keine
bleibende Statt gefunden. Man wird ·das begreiflich finden,
wenn man den etwas allgemein gehaltenen Text desfelben fich
vergegenwärtigt: «scripta vestra et salutationes tam devotus
suscipio quam modicus sum ad illa. Modicus dixerim dignitate,
sed non devotione. Querimoniae regis nostrae sunt, et maxime
illa, quam dignanter exprimitis de invasione Imperii. Regis
dedecus, regni diminutionem nunquam volui: volentes odit anima mea. Legitur quippe: omnis anima potestatibus sublimio-
ribus subdita sit et qui potestati resistit, Dei ordinationi resistit.
(Rom. XIII, 12.) Quam tamen sententiam cupio vos, et omni-
modis cupio custodire in exhibenda reverentia summae et apostolicae sedi et beati Petri vicario, sicut ipsam vobis vultis ab
universo servari imperiö. Sunt quae non putavi scribenda:
praesens ea fortassis opportunius intimarem».

Die Meinung Mabillon's, daß mit diefem Brief Klagen des
Königs über die frühere Begünftigung Lothar's beantwortet
feien, das Datum des Jahres 1137, bedarf keiner Widerlegung;
wol aber die Annahme des Jahres 1150, wie fie Buial[2]) empfahl,
und dann befonders Jaffé in feiner Gefchichte Conrad's III.
aufgeftellt hat — eine für den erften Anblick durchaus be-
ftechende Annahme. Denn in diefem Jahr zeigen fich, zumal

---

[1]) mirac. I, 1. — [2]) recueil XV, 537, nota zu dem Brief Wibald's ad
G. diac. Card. Jaffé p. 184 Anm. 53.

im Vergleich mit der Situation vor dem Kreuzzug, die politifchen
Gegenfätze in voller Schärfe. Der Papft war in enger Verbindung mit Frankreich, deffen alte Sympathien für das norman-
nifche Reich Roger's zu einem Bündniß fich zu fteigern drohten,
dem faft natürlichen Gegengewicht gegen die enge Verbindung
Deutfchlands mit dem byzantinifchen Kaiferhaus. Bereits glaubte
man, anders als durch einen Krieg werde diefe allfeitige Span-
nung nicht zu löfen fein, da die Vermittlung nichts zu fruchten
fchien. Bernhard hat damals durch Otto von Freifing dem
deutfchen König ein Schreiben übermitteln laffeh, als deffen Inhalt uns angegeben wird[1]), der König möge feine Feindfchaft
gegen Roger aufgeben, damit diefer, wie bisher, fo auch in der
Folge der Kirche zu Dienften fei; Bernhard felbft wolle die Verföhnung vermitteln. Diefer Brief felbft ift nicht erhalten; foll
aber ep. 183 in diefen Zufammenhang gehören, fo muß man
weiter ergänzen, daß inzwifchen König Conrad fich über die
Zumuthung, mit Roger zu paktiren, befchwert habe, befchwert
des weiteren über die Parteinahme Bernhard's, mit der er die
Verletzung des Reiches zu begünftigen fcheine — worauf dann
ep. 183 die Rechtfertigung Bernhard's enthalte.

Aber entfpricht der Brief wirklich den in diefem Zufammenhang nothwendigen Vorausfetzungen, paßt er in die bezeichneten
Verhältniffe des Jahres 1150? 
«Querimoniae regis noftrae funt» fchreibt Bernhard. War
der Grund von Conrad's Klage die Zumuthung einer Verföhnung mit Roger, einer Verföhnung, die Bernhard vorgefchlagen
hatte, fo kann Bernhard feine Klage mit der des Königs unmöglich identificiren. Indem er aber noch weiter geht, die
Berechtigung der königlichen Befchwerde mehr als anerkennt
(querimonia, quam de invas. imperii dignanter exprimitis) —
muß er dem Grund derfelben äußerlich fern geftanden haben:
mit andern Worten, mit diefer invafio imperii muß eine ganz
andere Angelegenheit gemeint fein, als diejenige, welche Bernhard offen unterftützt hat, die Belaffung Roger's in feinem Be-
fitz. — Man kann hinzufügen, daß eine Klage Conrad's in dem
oben angedeuteten Sinn gerade 1150 nicht recht denkbar ift.

¹) Bei Wibald Nr. 225.

Es war eine offenkundige Thatfache, daß das Bündniß Conrad's mit Manuel feine Spitze gegen Roger kehrte; nichts wurde in Deutfchland eifriger befprochen als der Kriegszug nach Apulien, den die welfifchen Unruhen nur für den Augenblick zu verzögern fchienen; und unter folchen Umftänden foll Conrad feinem Feind einen Vorwurf daraus gemacht haben, daß er feinerfeits das Reich verletze, indem er nach Allianzen fuchte und in Frankreich eine Stütze fand! Ebenfowenig wie diefe Annahme kann Giesebrecht's Datirung unfre Billigung finden. Sollte 1139 oder 1140, wie er vorfchlägt[1]), das richtige fein, fo wäre ganz unverftändlich, warum fich der König gerade an Bernhard gewendet hat. Ein Vorwurf darüber, daß Innocens II. in die Gefangenfchaft Roger's gerathen, von diefem zur Belehnung mit dem unteritalifchen Reich gezwungen wurde, konnte in Anbetracht der Noth jener Situation kaum den Papft, gefchweige denn Bernhard treffen. Auch würde das Citat aus dem Römerbrief nicht wol zu der freundlichen Haltung ftimmen, die Bernhard feit Beendigung des Schisma Roger gegenüber einnahm, die 1150, wie wir fahen, zu der Zumuthung an Conrad führte, Roger in feinem Eifer für die Kirche nicht durch die Macht des Reiches zu hemmen. Sieht man genau zu, fo wird man in diefem 183. Brief doch fchließlich einen feften Punkt entdecken, nemlich die Schlußworte: «sunt quae non putavi scribenda, praesens ea fortassis opportunius intimarem». Hier fchwebt der Gedanke einer Zufammenkunft mit dem König vor. Daß aber König Conrad mit Bernhard zufammengekommen fei, wiffen wir nur aus dem Jahr 1146. In Fällen nun wie der vorliegende, wo ein entfcheidender Beweis nicht zu erbringen ift, wo größere oder geringere Wahrfcheinlichkeit die Momente find, die gegen einander in's Gewicht fallen, wird es uns genügen müffen, nachzuweifen, daß der Inhalt des Schreibens mit diefer Datirung nicht im Widerfpruch fteht.

Im Sommer 1146 lag die Möglichkeit eines franzöfifch-ficilifchen Bündniffes vor: Ludwig VII. hatte fich mit Roger in Verbindung gefetzt, und aufs bereitwilligfte fagte diefer eine

---

[1]) IV, 201 u. 466.

Transportflotte und Lebensmittel zu: fchon begann man an der
See in Frankreich und England zu rüften, um den König zu ge-
leiten. Zugleich aber wandte fich Ludwig VII. an die Könige
von Deutfchland und Ungarn und erbat die Erlaubniß zum
Durchzug[1]). — Bedenkt man, daß die Oppofition in Deutfchland
ftets an dem Normannenkönig einen Rückhalt hatte — berichtet
doch die historia Welforum[2]) ganz naiv, Herzog Welf habe im
Sold des Königs von Sicilien und des von Ungarn geftanden,
um den deutfchen Herrfcher in feinem eigenen Haus zu befchäftigen — fo wird man es erklärlich finden, wenn unter
folchen Umftänden ein deutfcher König fich an Bernhard, den
Apoftel des Kreuzzugs wandte und auf die Gefahren für das
Reich hinwies, wenn die Elemente der Oppofition an einer großen
politifch-kirchlichen Bewegung eine Stütze fänden. Man mag
daran erinnern, in welcher Weife der religiöfe Enthufiasmus bereits auch in Deutfchland, zunächft am Rhein fich offenbarte,
in welchen Ausfchreitungen er fich Luft fchaffte, wie fchließlich
nur die königlichen Städte den Verfolgten Schutz zu bieten
vermochten[3]). — Freilich, all' das lag nicht in der Abficht
Bernhard's und doch war der erfte Anftoß von feiner Kreuzpredigt ausgegangen. Er konnte von fich fagen, daß er die
Klagen des Königs theile, daß er eine diminutio regni nie ge-
wollt habe. Und betrachten wir nun Bernhard's Eingreifen in
die deutfchen Verhältniffe, fo richtet er fich einmal gegen den
Mönch Radulf und zum zweiten gegen den Zwift der Fürften:
«pro quodam pacis negotio» hat Bernhard den König in Frankfurt aufgefucht[4]); «inter principes quosdam pacem cupiens re-
formare, quorum inimicitiis ab exercitu crucis Christi multi de-
tinebantur[5]), ift Bernhard nach Speier gegangen. Herzog Welf
allerdings nahm für fich auf feiner Burg das Kreuz; in Chalons,
Februar 1147 waren feine Gefandten neben denen König Conrad's

---

[1]) Alles bei Odo de Diog. I. — [2]) M. G. SS. XXI. — [3]) Otto Fris. I,
37: «. . multi sub principis Romanorum alas tuitionis causa (ut) confuge-
rent. Unde factum est, ut non pauci ex ipsis huiusmodi immanitatem
fugientes, in oppido principis quod Nourenberg appellatur, aliisque muni-
cipiis eius ad conservandam vitam se reciperent». — [4]) mirac. I, 1. —
[5]) mirac. I, 4. Die Spur diefer Friedensvermittlung in einer Urkunde bei
Beyer, mittelrhein. Urkundenbuch I, 600.

zugegen. — Den Argwohn des Königs, den die tumultuarifchen Anfänge des Kreuzzuges in Deutfchland und die etwa daran fich knüpfenden politifchen Machinationen erregt hatten, konnte BERNHARD jedenfalls nicht beffer zerftreuen, als indem er felbft als Stifter von Ordnung und Frieden in Deutfchland erfchien[1]). Und nun eine Schlußbemerkung zu dem Speirer Tag, Weihnachten 1146. Hier, im Dom, gefchah das miraculum miraculorum, die Umwandlung des Königs durch BERNHARD's eindringliche, gottbegeiflerte Rede; BERNHARD ift fpäter neben STEPHANUS zum zweiten Schutzpatron des Domes erhoben worden, an der Nordfeite desfelben hat man ihm eine Capelle errichtet, man hat ihm Neuerungen und Wunder angedichtet — ich erinnere nur an den Schluß des Salve Regina und das feltfame Zwiegefpräch mit dem Marienbild[2]) — wie fie noch heute in der Localtradition fortleben. So hat man denn auch im Dom zum ewigen Gedächtniß das Schreiben BERNHARD's zur Schau ausgehängt[3]): noch über 400 Jahre fpäter, in einem 1564 erfchienenen Buch wird die Exiftenz des Originals erwähnt[4]). Die ganze Speierer Tradition weiß nicht anders, als daß ihre Stadt aus befonderer Gnade mit diefem Schreiben beglückt worden fei; und da foll es wunderbar fein, daß das Schreiben unter diefer Adreffe fich erhalten hat[5]). Vielleicht bekommt nun doch der alte MABILLON Recht: «has Bernardi litteras quis dubitet

---

[1]) Die in dem Brief enthaltene Andeutung einer Reibung zwifchen König und Papft dürfte fich auf die Streitigkeit beziehen, welche fich über den Anfpruch des Erzbifchofs von Mainz gegen die Curie anläßlich der Weihe des im Sommer 1146 gewählten Bifchofs von Bamberg erhob. Vermuthlich hat CONRAD den Erzbifchof ebenfo gefchützt gegen Cenfuren der Curie wie fich zwei Jahre darnach König HEINRICH für ihn zu verwenden fuchte. Man vergleiche JAFFÉ, p. 163 ff. — [2]) Diefelbe Gefchichte ift im Klofter Afflighem localifirt. — [3]) JOH. VON MUTTERSTADT: quae epistola in perpetuam rei memoriam in tabulis ciusdem ecclesiae pendentibus scripta habetur. Bei SENCKENBERG, selecta juris etc. VI, 178 und BÖHMER & HUBER, fontes IV, 339. — [4]) Eyfengrein, chronol. rerum amplifs. urbis Spirae etc. «epistolam usque nunc extantem» . . — [5]) Auch GEISSEL, Kaiferdom zu Speier 1876 (2. Aufl.), auf den ich hier hinfichtlich der angeführten Momente verweife, fagt S. 62, Anm. 5: «es fcheint, daß die Speirer des darin ausgefprochenen Lobes und des in ihrer Stadt gehaltenen Reichstages wegen das Schreiben zunächft an fich gerichtet glaubten, obfchon das terra vestra fich auf ganz Deutfchland bezieht».

Spirae recitatas»? und von der unbegreiflichen Laune des Zufalls, auf die KUGLER so oft zurückkommt[1]), kann füglich nicht länger die Sprache fein.

Ganz derfelbe Grund aber hat uns die andere Adreffe der orientalis Francia et Baioaria erhalten. Was BERNHARD von Clairvaux in Speier, das hat an feiner Statt («vice eius», OTTO FRIS I, 40) der Abt ADAM von Ebrach im Februar 1147 in Regensburg vollbracht, er hat das Schreiben BERNHARD's nebft der päpftlichen Bulle vorgelefen und mehrere der Fürften, die in Speier nicht zugegen waren, zur Theilnahme vermocht. Man wird mit der Annahme kaum irre gehen, daß für die Verwendung in Deutfchland — fei es in Regensburg oder anderswo — die päpftliche Bulle erneuert worden fei. Damit erklärt fich 1. das Datum des 1. Dezember in der fpäteren Ausfertigung und 2. der Umftand, daß gerade bei OTTO von Freifing fich ein Exemplar mit diefem Datum findet.

Haben fich alfo aus den vermuthlich zahlreichen Exemplaren, die unter verfchiedenen Adreffen nach Deutfchland ergingen — unter allgemeinen und unter fpeciellen, wo eben wie in den Städten am Rhein eine befondere Veranlaffung vorlag — nur zwei erhalten, fo find es eben die, welche zu officieller Wirkfamkeit gelangt find. — Wollte man aus diefem Umftand fchließen, daß überhaupt bloß diefe beiden Exemplare urfprünglich exiftirt hätten, fo hieße das den Zufall als Nothwendigkeit ftatuiren und ihm einen Platz einräumen innerhalb methodifcher Kritik.

Mit dem Tag von Speier trat die Kreuzzugsbewegung in ein neues Stadium. Es war genau ein Jahr verfloffen, feit der König von Frankreich die erfte Anregung gegeben; fein Wille war Sieger geblieben über den Widerftand der Großen, und BERNHARD von Clairvaux begann feine Miffion, deren Erfolge die kühnften Erwartungen übertrafen. Man kennt die ftolzen Worte, die er an den Papft fchrieb: Ihr habt befohlen, und ich gehorchte; es mehrt fich die Zahl derer, die meiner Verkündigung folgen; leer werden die Burgen und Städte! — Nicht minder hoch ging diefe Bewegung als ein halbes Jahrhundert zuvor, da zum erften

---

[1]) Anal. p. 45 u. 49.

Mal das romanifche Abendland fich in der Richtung nach dem Often vereinte. Indem jetzt der Wellenfchlag der allgewaltigen Strömung über die deutfchen Grenzen fich ergoß, bis zu den Stufen des deutfchen Königsthrones hinaufraufchte, fchien die einigende Macht der religiöfen Ideen den glänzendften Triumph zu feiern. Ein Triumph, der nur zu leicht die heimlichen Gefahren überfehen ließ. Denn darauf beruhte doch die Bürgfchaft des Erfolges, daß die geiftlichen Antriebe ftark genug fein würden, die Macht, die fie im erften Anfturm errungen, auch weiterhin zu behaupten. Das Problem mußte gelöft werden, fremdartige Intereffen, politifche Strebungen unter einer höheren Einheit zu bewältigen. Da war es denn das folgenfchwerfte Ereigniß, daß mit dem officiellen Antheil des deutfchen Königthums eine Fülle neuer und kreuzender politifcher Gedanken hineintrat in die geiftliche Atmofphäre des Kreuzzugs. Nicht das kann BERNHARD von Clairvaux zugerechnet werden, daß die Bewegung ihre Kreife weit und weiter auch in Deutfchland zog; daß er in unferen Gauen das Kreuz gepredigt hat, ift mehr als ein Verdienft, denn als ein Anlaß zum Tadel zu betrachten. Die Theilnahme des deutfchen Königs an der Kreuzfahrt war, wenn man fo fagen will, der Gedanke und das Werk BERNHARD's von Clairvaux; es war der Höhepunkt einer Entwicklung, die fich feit dem Ermatten des Inveftiturftreites zu immer ftolzeren Ausfichten erhoben hatte. Unmittelbar darnach ift die Reaction erfolgt.

Freilich, im Taumel des Sieges, wer mochte Zweifel hegen, ob der Geift, der in den Anfängen des Unternehmens geweht, die Herrfchaft werde behaupten können, wer es beachten, daß der Horizont des Unternehmens in's Unermeßliche zurückwich?

C. F. Winter'fche Buchdruckerei.